CW01637821

Texte écrit avec l'aide du CNL.

© Éditions Thierry Magnier, 2022
ISBN 979-10-352-0565-2

Éditrice : Gaïa Marty
Assistante d'édition : Juliette Gaillard
Illustration de couverture : Clément Thoby
Maquette intérieure et couverture : Amandine Chambosse

Loi n° 49-956 du 16 juillet 1949 sur les publications destinées à la jeunesse

HERVÉ GIRAUD

SABLES NOIRS

EDITIONS THIERRY MAGNIER

J'ai grandi dans une île, en slip comme Tarzan, mais mon héros, c'est Mowgli, définitivement. Je nage comme un poisson et j'ai une mémoire comme celle des moineaux. À huit ans, je lisais Rudyard Kipling perché dans les arbres, je fumais des lianes comme les hommes, je construisais des cabanes qui faisaient peur aux loups. Aujourd'hui, je continue à courir pieds nus dans les cailloux et à grimper dans les cimes pour rien, juste pour le plaisir de regarder loin.

Entre les deux, j'ai vécu dans les villes, j'ai fait le tour des boulevards périphériques à moto, j'ai attendu l'heure de la sortie, j'ai traîné dans des aéroports en écrivant des livres de voyage, j'ai réparé des maisons, déchargé des camions, bricolé des moteurs, mis des fleurs dans des vases.

Il m'a fallu capturer des vipères à la main et les brandir dans la lumière, nager dans l'eau glacée des rivières, apprendre à aimer la vitesse, la musique et les chiens abandonnés couverts de pluie.

On m'a dit de faire dans la vie ce que je savais faire de mieux, je m'y emploie chaque jour : je raconte des histoires qui servent à fabriquer des livres et maintenir le monde à température. Je tue le temps mais jamais les insectes, ni les taupes ni les plantes.

A-t-on besoin d'en savoir plus ?

Aux éditions Thierry Magnier :

Jeanne, Dieu, le diable et les autres, coll. Grands Romans, 2021.

Y aller, coll. Grands Romans, 2018.

Histoire du garçon qui courait après son chien qui courait après sa balle, coll. Grands Romans, 2016.

Prends ta pelle et ton seau et va jouer dans les sables mouvants, coll. Romans ados, 2015.

Le jour où on a retrouvé le soldat Botillon, coll. Romans ados, 2013.

Ça me file le bourdon, coll. Nouvelles, 2012.

Quelle mouche nous pique, coll. Nouvelles, 2011.

Pas folle la guêpe, coll. Nouvelles, 2010.

À Gaïa, Charline, Thierry, Raphaèle, Guillaume,
Maïa, Vincent, Mikaël, Sarah, Éric, Jo, Charlotte,
Pascale, Colin, Stéphane, Claudine, Manu, Anne,
Valentine, Nathalie, Agnès, Mathis, Angèle,
Madeline, Mélodie, Anne-Gaëlle, Julia, Manon,
Thaï-Marc, Alexandra, Xavier, Patrick,
J.-M.-Gustave évidemment et Sandrine bien sûr.

Toute ressemblance avec un monde heureusement fictif dans lequel des hommes seraient prêts à tuer d'autres hommes pour des questions d'identité, de territoires, de religions, de ressources naturelles ou d'ambition nationale est absolument impossible. On l'a échappé belle.

« Nous suivons enchaînés une étoile si lointaine
qu'elle nous donne l'illusion d'être libre. »
H. Poulain

Chapitre 1

Il a ceux qui sont déjà morts, ceux qui vont mourir, et il y a ceux qui marchent. J'ai survécu au néant et je les accompagne pour aller voir plus loin. Ce matin, comme tous les matins, Youssef progresse avec le chameau de tête pour ouvrir la route dans le désert. Il connaît le chemin. Il a appris. Ce n'est pas seulement une question de géographie, mais de ressentir les vents, comprendre le langage des dunes et savoir ce qu'il y a derrière les quatre horizons. Tous le suivent en une vague colonne poussiéreuse. Je presse le pas, dépasse la cohorte et le rejoins.

– Youssef, je lui demande, tu as déjà vu des bateaux ?

Il ralentit à peine et pour toute réponse sort les mains de ses manches ; il les éloigne l'une de l'autre, paumes vers le ciel, puis reprend sa progression.

Je reste sur place. Bêtes et hommes me doublent, défilent à mes côtés en piochant mollement dans le sable. Leur pas est souple et le sable fin qu'ils lèvent est muet ;

comme une brume faite de cendres, il reste en suspens. On entend des bêlements, des sangles qui grincent, le reniflement des chameaux et de temps en temps un cri d'homme. La caravane serpente entre les dunes. Après nous, c'est comme avant nous : il n'y a rien. L'air et le sable se sont mélangés il y a bien des siècles, et ça va durer encore longtemps. En attendant la fin qui n'est pas pour demain, profitant d'être doublé par des hommes en sandales et des bêtes à sabots, je respire les odeurs fortes et animales, poivre et sueur mélangés, prises en étau dans la chaleur ambiante. Les ruminants mal aimables aux pieds comme des doigts qui évitent l'enfoncement me frôlent sans s'écarter et je laisse traîner exprès ma main sur le poil des chamelles tondues depuis peu. Je caresse le flanc plus âcre des ânes qui portent le matériel. Nora, qui a le même âge que moi, est assise sur l'un d'eux. Je reprends la marche à côté d'elle.

– Nora, c'est grand comment un bateau ?

Elle me regarde, plisse à peine ses yeux et leur fait reprendre leur cap, droit devant : iris noirs sur sable blond, prunelles où le soleil se noie, immenses comme un paysage. C'est sa seule réponse : Nora ne sait pas à quoi ressemble un bateau.

Karim, plus loin, conduit ses chèvres. Elles progressent toujours à l'écart. On ne sait pas pourquoi. Les chameaux qu'elles n'aiment pas ? À moins que Karim ne soit exclu du groupe et doive marcher seul. Je pars en diagonale pour le rejoindre. Il emporte avec lui une perche aussi longue que fine, haute comme deux hommes. Il est le roi de son troupeau, il siffle pour prévenir les écarts de sa troupe et si une chèvre s'éloigne trop, il la rattrape et lui fouette le ventre maigre pour la ramener dans la bonne direction. Karim a beaucoup de façons de siffler mais les chèvres ne semblent pas parler la même langue que lui. Elles progressent en bêlant, bancales, la tête dans les fesses de celle qui est devant. Pas fichues de faire trois pas sans accélérer ou ralentir, sans casser le rythme. À croire qu'elles ne sont pas faites pour faire troupeau, ça se rentre dedans, ça s'agace et bêle de colère. On dirait qu'elles ont mal en plus d'avoir soif.

– Karim, tu es déjà monté sur un bateau ?

Karim, il m'aime bien. Il s'arrête net. Une chèvre se cogne dans ses jambes avant de le contourner, vexée, tête basse. Il plante sa perche dans le sable, écarte son chèche et siffle entre ses dents tellement écartées qu'on croirait qu'il en manque une au milieu. Il veut ralentir sa troupe mais elle n'écoute rien. Karim est habité par une joie intérieure qui ne le quitte jamais. Il regarde loin de moi, mais ne répond pas.

– Karim ? je répète.

Il enfonce sa perche en faisant manivelle comme si la réponse allait jaillir de dessous le sable, mais il a beau scruter l'horizon, forer plus profond, tournicoter son bâton, aucune réponse ne vient. Un coup de menton, un geste en avant de la main, un sifflement inutile et il repart au milieu de son troupeau.

Pas un mot. Personne ne sait.

Nous sommes en route depuis trois jours vers le nord pour rejoindre une oasis. On marche dans le désert des déserts, là où Dieu a décidé que ne vivraient que des scorpions, des vipères des sables, des nomades et leurs troupeaux. Le sable est cuit par un soleil pire qu'un feu et j'ai les lèvres qui saignent. Elles craquent, elles sont saturées de soif et de chaleur, se fendillent comme la terre qui attend la pluie. Ça fait mal. J'essuie le sang sur mon chèche. Je ne dis rien. J'ai montré ma bouche au père de Nora hier. Il a regardé mes lèvres, a pressé mes joues entre ses mains pour me faire comprendre mon inconséquence et a remonté le chèche au-dessus de mon nez : il ne faut pas mettre son visage au jour, toujours rester confiné sous le tissu.

Je le sais. Ça fait des années que je le sais.

Quand le soleil rejoint les dunes pour se mélanger au sable, rouge sur rouge, c'est le soir et on monte le camp. J'aide un peu avant de m'asseoir en tailleur sur un tapis, à l'ombre devant une tente. Je ne fais rien. On a le droit de ne rien faire. Personne ne semble savoir ce qu'est un bateau. On a le droit de ne pas tout savoir, aussi. Il y a les vivants, les morts et les Kel Tamajeq, ceux qui vivent dans le Sahara et que d'autres nomment Touaregs. Ils m'ont dit un jour que c'est Dieu qui l'avait décidé ainsi, car il est grand. Il les a désignés comme étant des Imghad, des bergers nomades qui déplacent leurs chameaux, leurs ânes, leurs chèvres, leurs enfants et leurs tentes, en silence, de préférence, et pas bien vite. Ce n'est pas l'homme qui a choisi d'aller si lentement, c'est le désert qui l'impose… et le chameau aussi. Qui n'a jamais essayé de faire galoper un camélidé ignore ce que les mots ténacité ou résistance signifient. Ténacité du chamelier à faire décoller l'animal, résistance de la bête à faire le contraire de ce qu'on lui demande. La légende raconte que Touaregs et chameaux se sont mis d'accord il y a bien longtemps : « La vitesse, pas pour nous. » Depuis, ils cohabitent, mais difficilement.

Pour survivre, même lentement, dans le monde de la soif, il faut trouver de l'eau sans jamais s'arrêter de chercher, sinon, c'est la mort. C'est pourquoi la vie d'un berger du désert est simple et identique à celle de ses ancêtres qui sont partis il y a des siècles : il marche et tisse sa vie en allant et venant d'est en ouest et d'ouest en est dans le Sahara. Du matin au soir, du début à la fin de sa vie, il se déplace à pas lents d'un oued à un puits, puis d'un puits à un marigot, de campement en campement. Accessoirement, il est le lien entre son troupeau et le terrain et, avant de boire le lait de ses bêtes, il boit la même eau. Il lui arrive aussi de transporter contre des dollars ou des euros des marchandises qui lui sont confiées et qu'il charrie sur ses chameaux en essayant de ne pas se faire mordre. Il s'arrêtera peut-être lorsque la poussière du désert parfois soufflée par les tempêtes aura disparu.

Lorsque le monde moderne aura fait pousser des villes, des routes et des stades de football à la place du désert. En attendant, il arpente le sable dans l'intersection de l'espace et du temps, en allant contre les vents, car c'est une règle que quand on progresse, qu'il soit chaud ou froid, le vent, on l'a toujours de face. Une autre règle est que, confronté à l'infini et à la permanence, tout a la même durée et tout ce qui bouge est immobile ; ça doit être pour cette raison que les nomades avancent mais reviennent toujours sur leurs pas.

Le désert est comme le sable dans un sablier. Si personne n'avait l'idée de le renverser, tout irait bien.

Je ne suis pas un Kel Tamajeq. Ils m'ont recueilli voilà bien longtemps. S'ils considèrent qu'ils n'ont pas la peau noire, sous mon voile, la mienne est bien plus blanche. Je suis un chevreau sans sa mère nourri au lait d'un chameau ; à force d'habitude, il y a pris goût. Ils m'ont soigné et gardé avec eux toutes ces années. Même si leur lait n'est pas maternel, j'en redemande. D'ailleurs, je parle leur langue et je connais le français et un peu l'arabe. Pendant une longue période, je n'ai pas parlé du tout. Les mots ne venaient plus. Je ne sais rien de moi, sinon que je pense être né en Afrique mais que je ne suis pas africain, que j'ai une mère et un père mais qu'ils ont été assassinés sous mes yeux par des pirates du désert. C'est tout ce dont je me souviens : j'avais quatre ans. On roulait en voiture sur une piste qui, selon le principe fondateur des pistes, était cabossée et désertique. Ma mère avait calé ses pieds nus sur le tableau de bord, elle fredonnait la musique que l'autoradio diffusait. Assis derrière elle, secoué par la route, je voyais ses cheveux bouger au rythme des suspensions, je respirais le souffle chaud qui s'engouffrait par les vitres ouvertes. J'étais bercé par les soubresauts de la route, mais aussi par le vent, le moteur, la musique, la voix de ma mère. J'avais mon livre sur les genoux, le seul album que j'ai jamais eu et dont je ne me suis jamais séparé : *Le Grand Livre du Grand Tout*, un gros imagier encyclopédique, quasiment un dictionnaire illustré où tout ce qui existe sur terre est représenté, de l'ordinateur à la fusée en passant par les antilopes et les valises à roulettes. Je tournais les pages, à force d'entendre les définitions lues par mes parents, je les connaissais par cœur. Je nommais à voix haute ce qui figurait en images et je faisais semblant de reconnaître les mots. Mon père m'encourageait. Ma mère cessait de chantonner et riait. Pendant que je tournais les pages, que je posais des questions, les longs cheveux de ma mère s'envolaient et venaient lécher mon livre. Les bruits de moteur, la conversation indistincte de mes parents, les courants d'air brûlants, les cahots, mon album aux illustrations colorées, c'était l'enveloppe sonore et charnelle du bonheur d'alors, la vie animée. Ma mère avait laissé pendre son bras au-dehors et on fonçait, heureux, à travers la solide chaleur des sables. Soudain, des véhicules lancés à vive allure sont apparus de part et d'autre de nous.

Ils étaient puissants et nous ont doublé en bondissant ; ils ont convergé vers notre voiture et sont venus par-devant pour barrer la piste et contraindre mon père à s'arrêter. Les portes se sont ouvertes et des hommes sont sortis avec des fusils sur le dos. Ils portaient des djellabas et parlaient arabe, la même langue que la nurse qui s'occupait de moi quand mes parents me laissaient quelques jours pour aller dans le désert. Mon père a quitté son volant et est allé vers eux. Il a parlementé longuement debout dans la lumière écrasante. Je n'entendais pas ce qui se disait, mais le ton était dur et je comprenais quelques mots. Le flux de paroles de plus en plus rapide témoignait de l'agacement réciproque. Mon père criait NON, NON et NON. Il pointait son doigt sur la poitrine d'un homme pour accentuer le propos, revenait vers notre voiture pour taper du plat de la main sur le capot.

– Elle est à moi et elle restera à moi ! il disait, et puis ensuite il reprenait en arabe : *Had tomobil diali ou radi tabqa diali !*

Après de longues minutes où je tendais le cou pour essayer de voir ce qui se passait, ma mère, dont les pieds étaient redescendus sur le plancher et qui se tenait désormais très droite et les bras serrés contre elle, m'a dit d'une voix que l'on ne contrarie pas de sortir lentement de la voiture et de me cacher. Il n'y avait rien autour de nous sinon du sable à perte de vue. Me cacher ? Oui mais où ? J'ai entrebâillé la porte arrière du Land Rover et je me suis laissé glisser à l'extérieur pour me faufiler jusque sous le châssis. Je me suis allongé sur le sable. Je ne sais pas pourquoi, j'avais gardé mon album. De là, je distinguais une partie de la scène, j'entendais les cris. J'ai vu mon père vaciller, son corps s'effondrer, le visage tourné vers moi et son cou se couvrir de sang. Et puis, il y a eu les hurlements de ma mère quand elle a été extraite de force de la voiture. Tandis qu'elle se débattait, ses pieds nus dansaient dans le sable. Elle a été égorgée elle aussi. Son visage jeté au sol me regarde encore parfois la nuit.

Le jus noir de l'épouvante a pris sa source dans mon ventre et s'est répandu dans mon corps, il m'a empli de sa boue jusqu'au gosier, s'est emparé de mes muscles et mon cerveau pour me gangréner durablement. C'est cette bouillie dévorante qui m'a fait rester figé et silencieux tandis que les pirates chargeaient les cadavres dans leur véhicule en s'aboyant dessus. L'un d'eux s'est installé au volant du Land Rover de mes parents. Il a fait rugir le moteur et le châssis s'est envolé au-dessus de moi. Les voitures se sont éloignées et je me suis retrouvé allongé sous le ciel, au milieu de nulle part, absolument et définitivement seul au cœur d'une poussière noire. Le seul lien qui me reliait à la vie et à mon passé était cette odeur de moteur diesel, ces traces de pneus qui bientôt disparaîtraient, un imagier inutile et le sang de mes parents sur le sable devenu rouge et que la chaleur faisait déjà sécher. J'ai hurlé mais mon larynx n'a émis qu'un filet d'air minable. Je me souviens que j'ai vomi.

Quand les Kel Tamajeq m'ont découvert, je marchais peut-être depuis des heures qui auraient pu être des jours, je venais du fond de l'horizon. Je tenais toujours mon livre à la main. J'étais nu-pieds. Je n'avais plus ni soif, ni faim, ni chaud ; je ne savais pas dire d'où je venais, qui j'étais, ni où j'allais. J'avais fondu. Je m'étais enroulé dans mon ombre et elle et moi n'étions plus qu'un fantôme d'enfant à l'agonie entre sable et ciel. Le vent qui avait effacé les traces avait aussi effacé ma mémoire et ma bouche était cuite comme une cicatrice. Non pas que je ne voulais pas parler, mais je ne pouvais plus. La peur m'entravait. Je me sentais comme un chien étranglé par son collier.

Je sais à peu près quand c'était, il y a eu depuis beaucoup de jours et de nuits, tellement que c'est devenu des années, dix en tout. J'ai quatorze ans maintenant. J'ai grandi avec ces hommes et ces femmes qui vivent loin des villes, s'en méfient à tel point qu'ils ne s'en approchent jamais. Entre eux, ils se nomment les Kel Tamajeq. Ils ne possèdent pas de papiers d'identité et n'appartiennent à aucun pays, au prix d'une liberté qu'ils ont toujours payée cher. J'étais un animal blessé recueilli que l'on garde pour le protéger, sans se poser davantage de questions. J'ai fini par retrouver la parole, dans la langue qui est la leur. J'ai aussi appris à me méfier des chameaux et à rire de nouveau, jouer aux billes avec des crottes de chèvres ou dessiner dans le sable avec un bâton. Quand, à l'occasion des très rares échanges que l'on peut avoir avec d'autres populations, j'entends parler arabe ou français, langues que je comprends un peu, une boule me vient au ventre. Si je suis longtemps resté à distance, caché derrière les tentes ou les bêtes, le visage dissimulé sous mon chèche, en grandissant, en observant ma famille du désert, en comparant la couleur de leur peau et la mienne, en comprenant que je ne suis pas totalement des leurs, il m'arrive de plus en plus souvent de me demander qui je suis et qui ils sont.

Pendant toutes ces années, j'ai feuilleté l'encyclopédie que j'ai toujours gardée et beaucoup de pages sont maintenant détachées. Les images me sont familières. C'est aussi grâce, ou à cause de ce livre, que j'ai compris ensuite que les dimensions du monde ne se limitaient pas à la taille de notre troupeau, qu'il existe des endroits de la terre où les hommes sont différents, où les paysages ne sont pas de sable et où le silence qui règne ici n'existe pas. Toutes ces choses du Grand Tout avec leur nom écrit dessous, je les nomme, je les connais, mais de vue seulement : télévision, lampadaire, poupée, chaise, poisson, stylo ou pont suspendu, je ne les ai jamais rencontrées. Je n'ai jamais vu d'autres arbres que des palmiers et je ne sais que peu de choses de ce qui existe en dehors d'ici. Comme le lézard qui a perdu sa queue. Il me manque un morceau de moi.

Ce soir, comme tous les soirs, l'ouverture de la tente est orientée vers le nord. Il y fait moins chaud. C'est relatif. À quelques pas devant moi, Nora et sa mère qui m'a élevé comme son fils écrasent du mil. Elles me regardent sans cesser de manœuvrer le pilon. Nora a détaché ses cheveux et son sourire évoque la paix ; ses yeux avec des paupières en ombrelles disent des choses belles. Elle et moi avons appris à parler avec le regard avant de se parler avec les mots. Elle me comprend. Elle porte un doigt à hauteur de ses lèvres, me fait un signe de tête pour demander des nouvelles des miennes. Je réponds par une grimace, j'ai mal. Je touche mes croûtes du bout des doigts. Elle s'approche, humecte sa paume d'un peu de salive et la pose doucement sur ma bouche. Sa mère nous voit, ne dit rien. La main de Nora est le plus délicieux des pansements mais elle retourne déjà à son pilon.

Le seul bruit autour de nous est celui que fait la chaleur du soir, un bruit d'insectes, à moins que ça soient vraiment des insectes, on ne les voit pas. Tout craque, les graines de mil dans le pilon, les ailes des mouches et le sang durci sur mes plaies. Le père de Nora, qui se reposait sous la tente, s'est levé. Il sort et fait quelques pas avant de se tenir en surplomb de moi, bras croisés sur son torse nu. Il est grand et fort. Il m'a toujours impressionné. Il ne parle que très rarement et je l'ai déjà vu renverser un chameau et l'égorger pour en faire ensuite de la viande. Ce soir, il a retiré son long takakat et son chèche. Autour de ses poignets, des grigris en nombre le protègent du mal. Autour de son cou, une croix d'argent indique les quatre directions du monde. Campé pieds nus dans la lumière, altier, bas des jambes découverts et yeux mi-clos à cause de la clarté encore vive, ses pieds semblent des racines qui l'ancrent dans le sable comme un palmier. Sous la tente qu'il vient de quitter, une sonnerie se fait entendre. Il y retourne et ressort avec la sacoche de cuir dans laquelle il range son téléphone cellulaire. Le temps de défaire le cordon pour l'extraire et la sonnerie se tait. Il manipule alors le téléphone dans tous les sens et compose un numéro pour accéder à un message. Il ne colle pas l'appareil contre son oreille, mais le tient devant lui pour écouter la voix métallique de son interlocuteur. Ceci fait, il range le téléphone et reprend sa pose.

Je ne saurai rien de l'échange, sinon qu'il nous relie à d'autres hommes. Je sais me soumettre aux mystères du désert, respecter la légende des esprits mais j'ai du mal à accepter que l'on me tienne éloigné de ceux qui fonctionnent avec des piles.

Débarrassé de l'intrusion provoquée par le téléphone, le père de Nora replonge dans son rêve éveillé. Il fixe son regard vers un point précis, au loin. Il plisse le front, y porte une main pour contrer la lumière déclinante et décide d'aller y voir de plus près. Il s'éloigne du camp et se dirige à bons pas vers ce qui l'intrigue. Là-bas, au pied de la longue dune sur laquelle on a monté les tentes, un tout jeune arbre pousse seul, au milieu de rien. Le père s'en approche, le contourne avant de le prendre par la tête et le secouer. Il recule et l'observe à nouveau, l'arbre et l'homme se défient, immobiles et face à face. Le père du père de Nora, qui est le plus âgé de la tribu, descend la dune à son tour et le rejoint lentement. Le père et le fils, une fois réunis, échangent à propos de l'arbre et l'onde sourde de leur conversation me parvient. Je décide d'aller vers eux. Je plante mes talons loin devant moi dans la descente et tandis que je dévale la dune, mes sandales font jaillir le sable. Les deux hommes ont détaché une épine qui poussait sur son tronc et l'éprouvent sur la paume de leur main.

– C'est un acacia, dit le moins âgé.

Et puis après un silence, le père :

– Il n'a rien à faire là. Les acacias poussent bien plus au nord.

Le fils, qui n'est jamais allé au nord, acquiesce. Comme il faut une corde pour puiser l'eau du puits, il faut de l'eau pour faire un arbre, dit-il, avant d'ajouter que si ce n'est pas ça, c'est que c'est Dieu qui l'a mis là. Avant ce soir, on va creuser un trou pour avoir de l'eau, parce que s'il y a un arbre, il y a de l'eau. On ne la voit pas, mais elle est là.

– Va chercher la pelle, m'ordonne-t-il.

– Moi ?

– Oui, toi. Tu es jeune. Allah te remerciera.

Allah, tu parles ! Je remonte la dune. Elle est raide, j'ai déjà chaud. Je n'aurais pas dû descendre, j'aurais dû rester avec Nora. La pelle, c'est un os de la hanche d'un zébu. Le zébu figure dans l'imagier mais ne vit pas ici. Je me souviens du texte : « *Zébu : grand bovidé domestiqué, vivant en Asie et Afrique tropicale, il porte une bosse graisseuse et de longues cornes.* » L'os est plat avec un manche très court. Le père du père qui est allé au nord et au sud raconte qu'il a vu des Noirs utiliser les mêmes pour tracer des sillons dans le sol et faire pousser des plantes.

Après avoir ahané dans la montée et cherché la pelle sous la tente, mes yeux tombent sur le sac qui contient le téléphone. Personne ne me voit. Je le sors du sac, le soupèse, il est lourd pour sa petite taille. J'appuie au hasard sur les touches. L'objet se met à vibrer et le clavier s'allume. Mon cœur s'emballe. On ne joue pas avec un scorpion. Je le range vite et reviens à la consigne qui m'a été donnée. Je retourne vers eux en dégringolant la dune à grandes enjambées, je transpire. Le père me montre où creuser. Près de l'arbrisseau pour capter un peu de son eau, mais assez loin pour ne pas le déposséder. Et puis avec son père et pendant que je pioche dans le sable, ils s'accroupissent et me regardent. Ils disent qu'il ne pleuvra pas, qu'il n'a pas plu depuis des années et que pourtant il pleut davantage qu'autrefois. J'écoute en pelletant ce sable fin qui n'a qu'une envie, celle de redescendre d'où il vient en coulant. Je soupire bruyamment. Je creuse un trou sans fin, le sable retombe. Je m'arrête et me tamponne le front avec mon chèche. Un vol d'oiseaux migrateurs passe très haut au-dessus de nos têtes. Leur long cou est tendu en avant, leurs ailes en arrière. Ils viennent de là-bas, très loin depuis les montagnes que l'on ne voit pas, et ils vont là-bas, très loin vers la forêt invisible elle aussi. Le vent les porte et ils ne se posent jamais chez nous. On vient tous du là-bas de quelqu'un d'autre, je pense en regardant le ciel.

Le grand-père se relève. Je tends un doigt et lui demande ce qu'il y a par là. Alors, il regarde vers l'horizon, au-delà des dunes.

– Au nord, c'est le territoire du fennec, il y a l'Algérie, le Maroc, la Libye. Au sud, c'est le territoire de la mouche tsé-tsé, le Nigeria, le Bénin. On vit entre les deux. C'est très vaste, c'est grand comme l'immortalité parce que le désert est immortel. À l'ouest, très loin, il y a la mer. À l'est aussi, quand on continue à travers le Mali, le Tchad, le Niger, l'Éthiopie... Mais c'est encore plus loin.

Je m'appuie un moment sur le manche de ma pelle. Je regarde dans toutes les directions. Au nord : du sable, au sud : du sable, à l'est : du sable, à l'ouest : du sable.

– Et des bateaux, tu en as déjà vu ? je lui demande.

– Non, des bateaux, je n'en ai pas vu. Creuse !

Le grand-père a la peau tannée comme le cuir de sa selle de chameau ; craquante comme le tambour et cabossée comme une gamelle. Dans les fentes où scintillent ses yeux est conservée la mémoire des routes et du sable et de ce qu'il y a au-delà. Il ne quitte jamais son chèche car il est le chef. Ces gens-là se reconnaissent rien qu'au regard, et de la plupart d'entre eux, je n'ai jamais vu ni le sourire ni les cheveux. Je sais maintenant nouer le tissu de cette manière très précise qui est la signature de la tribu.

– C'est où le Mali ? le Niger ? je demande.

– C'est compliqué, répond le grand-père. Autrefois, il y avait des petits royaumes qui se faisaient la guerre, maintenant, les royaumes sont très vastes et se font parfois la guerre. Il y avait les pays du Niger, maintenant, il n'y a plus qu'un seul Niger.

– Et le Tchad ?

– Je ne sais pas. Allah est grand et il décide de tout, mais on ne sait pas tout.

– Et quand ce n'est pas Allah qui décide, ce sont les Blancs, ajoute le père.

– Et Allah, il sait tout ? je reprends.

– Allah sait tout.

– Et la Mauritanie, c'est où ?

– Sous tes pieds. Creuse, on t'a dit, tu vas y arriver !

On rit. On peut rire de tout, même de Dieu, à condition que ça soit drôle. Mais rire avec eux, ça tire sur mes lèvres blessées. Je creuse, le père m'aide et nous nous relayons. Une fois le trou terminé, une cavité ronde et assez grande pour qu'un homme se dissimule en se mettant en boule, le père me regarde, pointe mes jambes et donne un coup de coude à son père.

– Tu as vu ! Il a des jambes de gazelle.

– Tout à fait, répond l'autre. Je l'ai vu descendre tout à l'heure, il est vif, il a du sang !

Je ne regarde même pas mes jambes. Je sais trop bien la suite.

– Avec tes jambes de gazelle, va chercher la boîte en fer dans la tente, il y a une toile dedans…

Je remonte la dune encore une fois. Pouf, pouf, le sable est mou, j'avance d'un pas, je recule de deux. Gazelle, mon œil ! Je n'aurais vraiment jamais dû descendre voir ce qu'ils faisaient, rester tranquille près de Nora, mais ils sont contents de m'avoir avec eux, et moi d'être leur homme de main. Dans la tente, je trouve la boîte. Je vérifie son contenu, la toile est pliée très serrée à l'intérieur. Je retourne à l'acacia.

Le père sort la toile et la donne à son père qui la déplie consciencieusement. Pendant ce temps, il dépose la boîte de fer à plat au fond du trou, délicatement, bien au milieu. Ceci fait, ils tendent la toile par-dessus la surface du trou. Chacun tient deux coins pendant que, comme ils me l'ont demandé, je dispose du sable sur tout le pourtour afin qu'elle tienne seule. Une fois la toile ajustée, le père extrait de son habit une pierre grosse comme un poing de nouveau-né et la pose avec mille précautions au milieu de la toile, à l'aplomb de la boîte. Le tissu prend alors la forme d'un cratère.

Nous restons un moment accroupis à regarder le dispositif : une toile tendue sur du sable, avec une pierre au milieu. Rien d'autre. On reste là, immobiles et occupés à rien, tandis que sur la dune, une fumerolle indique qu'au camp, on fait chauffer l'eau du thé. Éparpillées tout autour, les bêtes sont immobiles, assommées debout. Parfois un bêlement ou un bruit de cloche animent le silence. Ici ou là, la silhouette muette de l'un des nôtres étend une ombre immense sur le sable. De l'ombre ou de l'homme, on ne sait pas toujours lequel est en vie. On remonte lentement. La soirée passe et la nuit douce vient recouvrir le campement. La couleur du ciel est passée du rouge au noir, s'est ensuite constellée de milliers d'étoiles et, le matin venu, a pris la teinte de l'acier. La boîte de fer est presque pleine d'eau. Le père explique que l'eau qui vit sous la terre est montée pendant la nuit, s'est accrochée à la toile et a glissé dans la pente créée par la pierre pour ensuite goutter dans la boîte. Je n'en reviens pas que de l'eau ait pu sortir de la terre et monter comme une pluie pour retomber goutte à goutte ensuite dans le récipient, mais il y a tellement de mystères dans le désert et dans ma vie que j'accepte celui-ci en plus des autres. Question d'habitude.

On verse l'eau dans une des outres. J'en goûte un peu, ça fait du bien aux lèvres, mais l'eau est précieuse. Comme les plantes et les bêtes, sans elle, nous ne pourrions vivre.

Après la courte prière à laquelle je ne participe pas (non pas que je ne le souhaite pas, mais on ne m'oblige à rien), dans le murmure d'une nature indifférente à notre présence, nous replions le camp et préparons notre journée de voyage. Très vite, le soleil chauffe à vif. Avant de partir, il faut rassembler les bêtes et les compter : on a huit ânes, trente-trois chameaux et cent vingt chèvres. Je ne compte pas les plus jeunes, seulement les bêtes adultes. Il faut démonter les lits, les tentes, rouler les tapis, regrouper le matériel et mettre les bâts sur les bêtes. J'aide le père à mettre les licols aux chameaux, à hisser et fixer dessus nos affaires. J'aime ce moment du rangement, où notre respiration se contracte avant l'effort du jour, où tout revient à sa place, ficelé, emballé, compacté. J'aime aussi la dilatation du soir, l'expulsion, le moment où on étale tout ce que l'on possède, où l'on déroule les tapis sur la laine rêche et odorante desquels je pose ma joue, le temps de la douceur et du repos, de la fraîcheur relative. Quand tout est prêt, alors la tribu repart, déjà les sifflements de Karim se perdent dans la fournaise et la colonne s'étire pour aller s'évaporer plus loin, entre ciel et terre, au pays du sable infini, bien au-delà de cette ligne qui forme un trait sur l'horizon et que l'on n'atteint jamais.

Plus loin, dans la torpeur, le père sort une cordelette d'une poche suspendue à un âne. Il la garde en main un moment, comme s'il lui cherchait un usage, avant d'accélérer à pas souples jusqu'à ce jeune chameau, le mâle à la robe très claire, presque blanche, qui remplacera un jour le sien. Il l'enserre au niveau de la taille et se jette au sol avec lui. Surprise et déséquilibrée, la bête tente de le mordre, mais le père lui bloque le cou avec son avant-bras et la met sur le dos. Ensuite, il entrave une patte avant avec une patte arrière. Le jeune chameau marchait trop vite ; le pas raccourci, il va se calmer. Ici, pour vivre, il faut ralentir. Il se pourrait donc que les légendes soient trafiquées, les chameaux ne seraient pas aussi lents qu'ils en ont l'air, ce sont les hommes qui les freinent.

L'opération n'a duré que quelques secondes. La colonne ne s'est pas arrêtée. Le chamelon boite un moment, renâcle et finit par trouver le bon réglage. Son allure est maintenant à l'unisson de la nôtre, calée sur la température, sur cette lutte pour avancer contre la chaleur et le sable tandis que l'ardeur du soleil modifie déjà notre vision et étire les silhouettes en hauteur, nous transformant en fantômes longilignes.

La lente cohorte soulève une poussière que l'on pourrait croire d'or. Ses particules restent longtemps suspendues et une fois retombées, une fois notre passage englouti, elles reformeront le décor initial. De notre passage, il ne restera aucune trace. Les femmes et les enfants sont sur des ânes. Des hommes montent des chameaux ou avancent à côté. Ceux qui sont assez grands pour marcher marchent. Les plus âgés s'occupent aussi des troupeaux. Je suis de ceux-là désormais et j'aide. J'apprends des choses. Il faut savoir reconnaître les rares rochers, repérer le lit d'un oued asséché depuis des siècles, lire le sens des étoiles pour savoir la route et les saisons, comprendre la grammaire du vent, le langage des animaux, décoder des signes dans le ciel pour prévenir des tempêtes. Il faut rendre à la nature ce qu'on lui a emprunté. Apprendre d'elle pour lui restituer ensuite. Le monde nous est prêté et le désert est une école.

J'ai encore beaucoup de choses à connaître et je pose beaucoup de questions. L'essentiel de ce que l'on m'enseigne, c'est qu'il faut se méfier du soleil et, même si on n'en croise pas souvent, des hommes en particulier.

Chapitre 2

Comme les oiseaux qui rejoignent le sud en hiver, notre survie dépend de notre mobilité. Pendant qu'ils se laissent porter par le bleu du ciel dans un sens, nous piétinons dans l'autre sens, vers le nord de la Mauritanie.

Histoire de parler, parce que je connais déjà la réponse, je demande au grand-père si c'est encore loin.

– Demande à mon fils, il me répond.

Son fils me dit que loin ne veut rien dire. Un jour, un aviateur du nom de Saint-Exupéry a parlé avec des Kel Tamajeq. Il leur a expliqué qu'il lui fallait seulement deux heures pour parcourir les territoires qu'ils mettaient deux mois à traverser, ils lui ont demandé : Mais que fais-tu le reste du temps ?

– On va voyager pendant combien de jours ? je demande.

– Ça dépend, me répond le père en torsadant un cordon de cuir entre ses mains.

– Ça dépend de quoi ?

– Les gens de la parole te diraient que ça dépend des tempêtes, des maladies, de l'eau, des guerres, d'Allah. La réponse se lit dans les étoiles. Mais il faut savoir lire les étoiles. Les anciens le savaient.

– Et toi aussi, tu sais lire dans les étoiles ?

– Je crois.

– Et sinon... C'est quoi un bateau ?

– Arrête avec tes questions.

Je parle trop. On peut jeter une poignée de sable de très haut, on peut sauter dessus à pieds joints, il reste inerte. On peut poser des questions, insister, on n'a jamais les réponses. C'est pareil pour les chameaux, ils voudraient bien qu'on les entende, mais leurs pas ne font pas de bruit. La chaleur qui règne ici est muette comme une flamme et, à force de progresser dans ses braises, les hommes le deviennent. Du moins, ils ne parlent que très peu. Pour les imiter, il m'arrive de me taire et quand j'ai trop besoin de parler, je m'adresse au sable et il me répond. On le croit silencieux mais c'est faux car, si on lui parle, il répond dans sa langue. Pour l'entendre, il faut coller son oreille contre lui : il gémit, grince, crisse ou se fendille.

– Tu as vu passer des bateaux ? je lui demande en collant mes deux mains en porte-voix sur le versant chaud de la dune.

– Ffriffrifffiriii, il me dit dans l'oreille.

Je n'en sais pas plus mais, au moins, ça occupe parce qu'en plus de la chaleur, le temps passe vraiment lentement. Les jours se succèdent, identiques les uns aux autres. On marche, on dort et l'enchaînement des deux fait qu'on ne sait plus au bout d'un moment si on est éveillés ou endormis. Et puis un soir, au détour d'un erg caillouteux, sans aucun signe avant-coureur, apparaissent les palmiers de l'oasis que nous convoitions. Quelques tentes éparses et installées loin de la zone humide où vivent les moustiques signalent la présence d'autres tribus nomades. Je suis content d'approcher ce peu de civilisation et je voudrais un jour aller plus loin, rejoindre les régions où les hommes habitent des maisons en briques, roulent sur des routes et achètent leur nourriture dans des magasins.

L'essentiel du groupe va vivre ici pendant les prochains mois, c'est la saison des pluies. Ils pourront profiter d'une eau marronnasse et d'un peu de végétation, les enfants iront quelquefois à l'école, un médecin viendra pour accoucher les femmes, vacciner ou soigner quelques furoncles, on y fera pousser des légumes, on cueillera des agrumes. Un petit groupe d'hommes, dont il a été décidé que je serai, repartira pour un long périple à travers le Sahara.

À moi qui ai quitté l'enfance le jour où on a pris mes parents, ils ont décidé de faire savoir qu'ils ne me considéraient plus comme un gamin. Le grand-père me fait venir à lui.

– Il y a trois âges de sept ans dans la vie d'un jeune. Les premières sept années, il faut le laisser jouer et découvrir. Les deuxièmes sept années, il faut lui enseigner les choses à connaître. À partir du début des troisièmes sept années, il faut le considérer comme un ami. C'est le moment pour toi que l'on te considère ainsi.

Il m'offre un poignard et une ceinture. Une arme tranchante que je vais désormais porter à ma taille. Dans son regard, il y a le sourire qu'on ne peut pas voir, la bonté et cette chose plus forte que tout, qui résiste au feu et aux maladies, qui fait un trait d'union entre eux et moi et que l'on ne nomme pas, par pudeur. Un jour, je comprendrai qu'il s'agit de l'amour.

Alors que nous sommes là depuis trois jours et que tout le camp est endormi, le vieux chameau du grand-père vient s'agenouiller de très bonne heure devant la tente et se met à blatérer. On sort et, malgré les lumières de l'aube, on ne voit rien. Et puis tout à coup, des silhouettes apparaissent, floues et ondulantes, et enfin plus présentes. En quelques instants, tout autour de nous, des hommes se pressent. Une quinzaine. Ils chevauchent des chameaux. Ils ont des fusils enfoncés dans des étuis à leur selle et leurs bêtes sont belles et hautes, toutes de couleur claire. Leur magnificence est relevée par les colliers et les rubans colorés qu'elles portent. D'autres bêtes, moins caparaçonnées, sont chargées de caisses en bois fixées de part et d'autre sur leurs flancs. Sur le seuil de leurs tentes, tous sortent. Debout devant l'ouverture, avec leur enfant au bras, les femmes observent l'animation. Les arrivants saluent le grand-père, font baraquer les chameaux et quittent leur selle. Ils déballent leurs affaires et installent des tapis à même le sable pour établir leur bivouac. Comme souvent chez les voyageurs qui sont sans leurs femmes, ils n'ont pas de tente et dorment sous les étoiles. La journée passe en palabres et amabilités et, le soir, les hommes de notre camp les invitent. Ils partagent des bols de lait de chèvre et puis ils parlent et chantent. L'un d'eux a une guitare et un petit ampli relié à une batterie de voiture, un autre bat la mesure sur un tambourin. C'est étrange. Ils chantent dans une langue qui n'est pas celle des Touaregs, qui n'est ni du français ni de l'arabe. De l'anglais, on me dit. L'anglais, ça dit toujours la même chose : « *This is not a love song, this is not a love song, not a love song.* »

– Ce sont les fils du diable ? je demande.

– Non, ce sont nos frères, me répond Karim, des Amajeghs, nomades comme nous, mais nobles. Ils sont guerriers, ils nous protègent.

– Ils n'ont pas de femmes ?

Pour toute réponse, il se place face à moi, pose ses deux mains sur mes épaules :

– On a combien d'oreilles ?

– Deux.

– On a combien de bouche ?

– Bah… une seule.

– C'est pour ça : il faut se taire deux fois plus qu'on écoute.

– Et alors ?

– Alors tu as parlé deux fois trop.

Les Amajeghs n'étaient pas arrivés jusqu'à nous par hasard. Après la nuit qui a suivi la fête, ils nous ont confié les caisses de bois clouées que nous allions devoir transporter. C'était ce qui justifiait la rencontre. En plus des caisses, il y avait un solide carton avec écrit dessus : TONDEUSE THERMIQUE HONDA HRG 416. Sur le carton, le contenu était représenté : une machine rouge équipée de petites roues avec un moteur posé dessus et un guidon bizarre.

Pendant que les hommes empilaient les lourdes caisses, que de l'argent était échangé, qu'ils discutaient à propos de ce curieux engin sans savoir à quoi il pouvait servir, l'un d'eux avec qui je portais une cantine d'acier m'a parlé :

– Tu t'appelles comment ?

– On m'appelle Lilu.

– Lilu ? J'ai connu un homme qui portait ton nom, Lilu, ça signifie « eau de pluie ». Il rêvait d'aller dans des pays où la pluie a transformé le désert en pâtures et en forêts. Il est allé jusqu'en Éthiopie et il est parti sur un bateau.

Pour un peu, je lâcherais la caisse.

– Un bateau ? C'est comment ? Tu en as déjà vu ?

– C'est une foutaise. Il est parti sur la mer avec d'autres. Ils étaient très nombreux, ils voulaient tous monter dans le bateau, ils avaient payé cinq mille euros pour ça. Seule son âme est partie. Son corps est revenu au bout de plusieurs jours. Il flottait dans les rochers. Le moteur avait lâché.

– Un bateau, c'est bien ce qui me semblait : on monte dedans et on flotte ?

– Un bateau, c'est comme le seau dans le puits, au début il flotte, ensuite il se remplit et coule.

– Et ça c'est quoi ? je lui demande en pointant le carton marqué Honda.

– Ça, je ne sais pas.

Pour emporter les caisses, on a organisé le chargement sur les bêtes. Pendant qu'on les hissait et ficelait sur les bâts, que les chameaux blatéraient et beuglaient à qui mieux mieux dans toute la gamme de leurs vocalises, tandis que les hommes leur cinglaient les jambes à coups de cravache, j'ai demandé ce qu'elles contenaient. Le père m'a répondu que l'important, c'était de les emporter, de les livrer, pas de se demander ce qu'il y avait dedans. Tout ce qu'il pouvait me dire, c'est qu'elles venaient de Russie et qu'à son avis, elles n'étaient pas remplies de loukoums. On ne parle pas de ce qui ne nous appartient pas et c'est pour ça qu'on nous confie du travail, il faut juste remercier Allah qui est grand et décide de tout. Ensuite, il m'a montré une liasse de billets et l'a secouée sous mes yeux avec un clin d'œil.

– Et pourquoi ce n'est pas Allah qui porte les caisses lui-même ? je marmonne.

– Il a déjà trop à faire à écouter tes blasphèmes.

On va quitter la Mauritanie, traverser le Mali et transporter les marchandises jusqu'à la frontière du Niger. Là-bas, on les remettra à une autre tribu qui les emportera jusqu'à la ville de Zinder. Ensuite, on fera demi-tour pour revenir ici. C'est tout ce qu'il finit par me dire. Ce qu'il y a dans les caisses, c'est un mystère que l'on n'a pas besoin de savoir, tout comme on n'a pas besoin de voir Dieu pour savoir qu'il existe, il faut accepter, c'est comme ça et ce n'est pas autrement. Inch'Allah, mektoub et tout et tout.

Je demande quand même :

– Vous m'emmenez parce que je suis un vrai Kel Tamajeq maintenant ?

– Non, on t'emmène pour avoir de la compagnie. Tu es trop bavard pour être un vrai Kel Tamajeq.

Vexé, je tente quand même une autre question :

– Dis donc, ce nom : Lilu, c'est toi qui l'as inventé quand tu m'as trouvé ou c'est Dieu qui te l'a soufflé pour que tu me le donnes ?

Pour toute réponse, il me regarde avec une fausse dureté et j'entends son soupir d'agacement derrière le tissu.

J'ai quand même appris une chose aujourd'hui, c'est qu'il faut se méfier des bateaux.

Chapitre 3

Les bêtes, quand elles ne veulent plus avancer, on les frappe ; quand elles n'en peuvent plus, on les tue, on abandonne leur dépouille sur le sable. Le vent et la chaleur lavent la peau, et puis les os, et puis il ne reste rien. Même si je suis déjà mort une fois quand j'étais petit, j'ai longtemps eu peur qu'on me fasse pareil si je n'avançais plus. Depuis toutes ces années, je ne vis pas pour survivre, je vis pour ne pas mourir.

Un matin, les Amajeghs ont pris le départ, et puis ça a été notre tour. On n'était que quatre : le père, Karim sans ses chèvres, Youssef qui ouvrait la route et moi ; il y avait aussi Oska, le lévrier. On a pris un chameau pour chacun, le jeune chamelon blanc et dix autres pour porter les caisses. On a pris deux vieux fusils qu'on a graissés et huilés avant de les entourer de chiffons et de nouer le tout bien serré avec de la ficelle. On a aussi emmené un chevreau né il y a quelques semaines, il marche à la traîne, tracté par une laisse, en bêlant sa peine. Ça allait être ma première traversée du Sahara. Les autres resteront au camp pour s'occuper du troupeau, vendre des bêtes, en acheter d'autres. Le voyage sera long, jusqu'aux limites du Niger où on rencontre parfois des nomades peuls. Ce sont nos frères, mais pas toujours. Ils ne sont ni noirs ni arabes, mais un peu les deux. Il se dit qu'ils sont de la couleur de leurs zébus. J'ai hâte de voir ça.

La veille du départ, j'ai aidé Karim et le père à faire boire les chameaux autant qu'ils pouvaient entonner. On les a menés près du puits et Karim a versé du sel dans les premiers abreuvoirs pour les assoiffer et les contraindre à boire davantage. Un chameau à lui tout seul peut avaler plus de cent litres d'eau, et autant de seaux qu'on a dû remonter du puits. Ensuite, je suis resté avec Nora. Elle m'a pris par la main et on s'est enfoncés dans l'ombre de la palmeraie. On est allés jusqu'à ce filet d'eau, un canal d'irrigation, au bord duquel on s'est assis, on a enlevé nos sandales et laissé nos pieds dans l'eau. C'était bon. On est restés sans parler très longtemps et puis elle a pris mes mains dans les siennes avant de se placer en face de moi et faire glisser ses paumes sur mes avant-bras en faisant de délicieux va-et-vient. Enfin, elle a attrapé mes mains. La douceur de sa peau, à moins que ce soit cette accroche de nos membres, m'a fait frémir. Je ne portais pas de chèche, elle non plus. Mes lèvres étaient presque guéries. Elle m'a regardé avec ses beaux yeux noirs cernés de khol, les a fermés et s'est penchée vers moi en aveugle pour poser tout doucement sa bouche sur la mienne. Ses mains serraient mes poignets de peur que je ne m'échappe, mais même si je me suis mis à frissonner de partout, je n'ai pas du tout eu envie de fuir. Je ne savais pas que l'on pouvait ressentir la fraîcheur à ce point, faire naître une boucle entre deux êtres, percevoir la douceur et la force des sources d'où naît l'amour. On est restés immobiles, lèvres contre lèvres et les pieds dans l'eau, avant que ses paumes fraîches ne viennent sur ma nuque et m'enserrent. Comme je ne savais pas quoi faire de mes mains, je les ai posées sur ses hanches et le souffle chaud de notre baiser s'est transformé en tourbillon, le grain de sa peau était encore plus doux que la douceur du sable que parfois, par plaisir, je manipule ou enferme dans mon poing pour le laisser couler.

J'ai bien fait de ne jamais mourir, j'ai pensé.

Le soir, il y a eu une fête. Les femmes ont chanté, joué de l'imzad, le violon *(« Violon : instrument de musique à cordes que l'on frotte avec un archet »)* à une seule corde, d'autres martelaient des tambourins. Elles rivalisaient d'élégance ; toutes avaient ajouté des artifices à leurs vêtements, des bijoux en or tenus par des tressages de cuir compliqués. La nuit dorée ruisselait sur nous, sensuelle. Les étoiles nous regardaient depuis tout là-haut. Nora avait accroché une plume d'autruche qui pendait de ses cheveux. Ses dents et son rire faisaient des éclats de lumière, comme des diamants. Sa peau de cuivre rivalisait avec le rouge des braises. Elle chantait d'une voix claire, que j'imaginais détachée des étoiles. La nuit du désert formait une protection autour de nous et tout au long de cette soirée, comme dans d'autres avant celle-ci, nous étions la beauté, la pureté, l'origine et la fin de tout et de nous-mêmes. Nous étions uniques et essentiels. Un groupe humain aussi puissant que la plus puissante des familles. Alors que j'étais orphelin et oublié du reste du monde, ils m'avaient recueilli comme on recueille une eau rare au creux de sa main, ils m'avaient gardé, protégé et appris à survivre avec le minimum. J'avais grandi ainsi, parfois durement, mais ce soir-là, comme dans d'autres rares moments, je me sentais en sécurité. Je l'étais. Protégé par la nuit épaisse comme une muraille, bercé et enivré par les chants, je me détachais du passé et pouvais me laisser hisser dans les brumes chaudes et insaisissables de ce qui semble être le bonheur. Si je l'ai ressenti plus particulièrement à ce moment-là, c'est par la grâce du baiser avec Nora, le contact de son corps et du mien, l'avènement de l'amour dans ma vie comme des retrouvailles avec des souvenirs disparus. Plus tard dans la nuit, assis en tailleur sur un tapis, l'épaule de Nora contre la mienne, sa main brûlante dans la mienne, sa voix, son parfum, sa quiétude, les hommes et les femmes tout autour, leur affection sincère, les chants magnifiques et le feu devant, c'était là ma vie, mon instant, une partie de mon passé et mon devenir. J'ai su que j'aimais Nora depuis les premiers jours, aussi vrai que l'on a faim ou soif, par instinct, et que je l'aimerais toujours.

Le lendemain, on est partis.

On a marché, marché et marché encore. Et le lendemain du lendemain, on a continué encore et encore.

Ça a duré des jours et des jours. On avançait de puits en puits et ensuite de puits en rien, et finalement de rien en rien. On a dormi à même le sable sous les étoiles et sur des tapis, on a soigné les bêtes, ramassé des brindilles pour les infuser, ramassé les crottes de nos chameaux pour en faire du combustible. J'avais le sentiment qu'on piétinait davantage qu'on ne marchait. Le chevreau était à la peine, il avançait de guingois tracté par une lanière qui lui tordait le cou. Je savais à quoi il était destiné, mais j'aurais aimé qu'il en soit autrement.

– On va en faire quoi du chevreau ? j'ai demandé.

– Tu le sais.

Je m'étais attaché à ce petit animal. Souvent, je le caressais, je l'encourageais, je lui faisais lécher mes doigts que je mouillais à la gourde. La nuit, il dormait à côté de moi, il avait un sommeil d'enfant. Je l'écoutais dormir et le rythme rapide de son jeune pouls berçait la quiétude des nuits.

Un matin, on a débusqué un serpent qui s'est sauvé dans la même direction que nous, c'était une dangereuse vipère à cornes qui projetait son corps vers l'avant. Sa trace formait des coups de fouet dans le sable. Le père m'a dit qu'il fallait s'en méfier car elle a soif et ce qu'elle recherche dans ses proies, c'est l'eau qu'elles contiennent.

– Tu sais, me dit-il, il y a des siècles, une grande reine en Égypte s'est donné la mort en se faisant mordre par ce serpent.

– Celui-là ? Ça vit longtemps, dis donc !

Le regard noir du père me fait taire. On peut rire de tout, à condition que ça soit drôle. Comme tout n'est pas raconté dans mon encyclopédie, j'apprends comme ça vient. Peut-être que grandir, c'est cesser de se poser certaines questions pour aller vers d'autres, plus sophistiquées, savoir sans avoir besoin de connaître. Peut-être que c'est oublier ses tourments pour aimer un autre que soi et que Nora est cet autre que moi. Peut-être qu'Allah n'y est pas pour rien. Si les hommes autour de moi parlent très peu et dissimulent leur visage, leur bouche et leur front, c'est qu'ils savent mesurer la parole, voiler leur propos et ne rien montrer de leur âme ou de leurs sentiments. Je les imite à la perfection parfois, mais je sais bien que je ne suis pas comme ça au fond ; tandis qu'ils sont connectés à la nature, en paix avec leur passé et leur avenir, je suis encore agité de l'intérieur. Du Touareg, je n'ai que l'apparence, quelques savoir-faire et, s'il me manque des réponses, c'est parce qu'il n'y en a pas ou que je dois les deviner. Si je veux comprendre ce qui existe au-delà de nous et que je soupçonne par ces avions de guerre dans le ciel, ces engins motorisés que l'on voit parfois, ces hommes en uniforme qui nous observent à la jumelle, ces téléphones et ces langues que j'entends, c'est que ce monde a mis aussi son empreinte en moi. Ceux qui m'accompagnent ne semblent pas chercher davantage que ce qui leur est nécessaire, n'en parlent jamais mais ils ne sont pas dupes de son existence.

Youssef façonne une galette : un peu d'eau dans la main, un peu de mil pilé, un peu de sel, et puis encore de l'eau et de la farine qu'il malaxe jusqu'à obtenir une grosse boule. Une fois aplatie, il l'enfouit dans le sable sous les braises qui ont servi à faire le thé. Je l'observe, allongé sur le flanc dans la fraîcheur relative du soir, et je laisse la nuit venir à moi en bâillant. Les étoiles naissent tandis que le feu se meurt et que l'on s'endort. Le lendemain matin, Youssef sort la taguella de sous le foyer éteint. Elle est recouverte de sable. Il la frappe contre sa paume. Le sable tombe. La croûte apparaît, dorée comme le bronze. Il en brise un morceau qu'il me tend et coupe le reste en autant de parts qu'il y a de convives. Le pain est délicieux et je le savoure très lentement pour profiter de tous les sucs et me nourrir pleinement, comme ils me l'ont appris. Karim pose des dattes dans un plat d'aluminium cabossé au milieu du cercle que nous formons, le père verse un thé vert très sucré dans les quarts. Les regards qui convergent ensuite sont ceux d'hommes conviés à un festin. De quoi d'autre aurions-nous besoin ?

Une fois frottée notre menue vaisselle dans le sable, une fois les tapis roulés et remis les caisses et autres sacs de fourrage pour les chameaux sur les bâts, les guerbas d'eau accrochées aux selles, nous repartons. Au début du périple, pour préserver les bêtes et tant que nous en étions capables, nous allions à pied. Depuis quelques jours, en fin de journée, nous nous accordons un peu de repos en selle. Nous chevauchons les chameaux et ce sont mes moments préférés, quand, les pieds nus sur l'encolure de la bête, le regard au loin et bercé par le lent rythme de la marche qui fait de chaque pas une conquête, j'oublie mes tourments et mes questions et je suis pour de vrai un seigneur du désert.

Un seigneur qui pleure. Le même jour, au bivouac, le père prend le petit chevreau sur ses genoux. Je confonds un instant le geste avec un élan d'affection dont il n'est pas coutumier. Sitôt la bête prisonnière de ses bras, il sort son couteau et lui tranche promptement la gorge, laisse le sang s'échapper dans le sable, puis la découpe. Ensuite, il fait cuire quatre morceaux que l'on mange en silence car l'usage veut que l'on mange sans rien dire. Le lendemain, levés tôt pour profiter de la relative fraîcheur du matin, on emporte les restes de viande, roulés dans des linges pour les manger plus tard. Contrarié, je prends la marche. Lassé de cette randonnée sans fin, je piétine à l'arrière en me disant que je n'aurais pas dû venir. Je tape du pied dans le sable, autrefois ami, mais qui aujourd'hui m'ennuie. Après m'être délibérément laissé distancer, je m'en prends au décor. Je me tourne vers l'espace infini tout autour, mets mes mains en porte-voix. Je crie, mais Allah ne m'entend pas, car à mon avis, il est vieux, donc il est sourd :

– HÉ HO, Y A QUELQU'UN ?

Je déverse le vide en moi dans le vide autour. Il n'y a personne pour personne et mon cri s'étouffe dans une dimension qui ne dépasse pas la longueur d'un bras. Pendant que je fulmine bien loin derrière, que la caravane et toutes les bêtes reliées entre elles par un lien de corde poursuivent leur route, je repère une tache rouge, pas très loin. Une petite chose colorée qui ne devrait pas être là, trop rare pour ne pas que je m'y intéresse. Je m'éloigne et me dirige vers elle en pressant le pas. C'est un seau posé sur le flanc d'une dune. Un bête seau de plastique rouge avec une anse en acier. Posé là ? Tombé d'un véhicule ? Pas de trace autour. Tombé de la Lune ? Apporté par le vent ? Oublié par quelqu'un ? Je le prends par son anse d'acier brûlante et je rebrousse chemin, amusé à l'idée de le présenter aux autres. Mais au bas de la dune, je ne retrouve pas les traces de notre passage. Je réfléchis à la position du soleil au moment où je m'étais éloigné du groupe. Je me dépêche ensuite dans ce qui me semble être la bonne direction et, très vite, je comprends que je me trompe à nouveau. Alors, je reviens en arrière et je remonte au sommet de la dune pour reprendre un cap et peut-être apercevoir les autres, mais depuis cette hauteur sur laquelle je me tiens maintenant – est-ce la même, tant ses voisines sont identiques, orientées sur le même axe et de même hauteur ? –, il n'y a rien d'humain en vue. Autour de moi, le jaune domine, rien n'est plus identique à une dune qu'une autre dune, je n'ai pas de repère. Alors que dans le désert le temps passe à la vitesse d'un chameau qui dort, les choses se précipitent. Je reste un moment immobile, mon seau dans une main, l'autre main en visière ; je scrute l'horizon, guette des signes, des cris… en vain. Se perdre dans les dunes n'est pas seulement facile, c'est inévitable. Les Kel Tamajeq le disent, voyager dans le désert, c'est aller au cœur de l'oubli et s'égarer volontairement. Tout le secret est de savoir s'en extraire. Pour cela, encore faut-il savoir lire à travers les rares indices de ce labyrinthe exempt de murs mais capable de me tuer. Je suis sinon perdu, au moins très seul. Je n'ai ni eau, ni animaux, ni abri, comme quand je suis né la seconde fois, accouché d'une mère assassinée sous le châssis d'une voiture tout-terrain.

Depuis, j'ai grandi dans ce désert et j'ai un couteau à ma ceinture. La première chose à faire est justement de ne rien faire : ne pas s'éparpiller ou courir dans toutes les directions, réfléchir et observer le vent, le ciel, les dunes, la moindre trace. Se calmer. Réfléchir. Il faut que je retrouve mon groupe ou que celui-ci me retrouve.

Certainement, dès qu'ils vont constater mon absence, ils vont m'attendre un moment et puis finiront par faire demi-tour. Je me suis sûrement éloigné de l'endroit où la caravane était passée, alors je grimpe en haut d'une éminence, y dépose le seau pour faire un signal qui peut-être les alertera et je redescends pour chercher au pied de cette dune, là où le sable est un peu plus dur, des traces de passage, des crottes de nos bêtes ou des empreintes dans le sable. J'inspire l'air avec application pour tenter de déceler l'odeur d'un animal à sang chaud, sans succès.

La journée passe ainsi, où je reste concentré sur quelque oscillation de lumière ou bien attentif au moindre bruit. Rien, absolument rien ne se produit sinon ce vertige d'un vide qui s'est dissous en moi, de telle sorte que rester immobile pendant toutes ces heures, animal aux aguets, me vient naturellement. L'après-midi me trouve assis sur mon seau posé à l'envers et que j'ai rejoint. J'attends, j'attends et j'attends encore. De temps en temps, je tente un regard tout autour, l'horizon est circulaire, immense. Lorsque la température baisse, je me lève et m'éloigne en spirale par rapport au seau que je garde en repère visuel, pour revenir ensuite vers lui. La seule chose notable est le passage d'un avion de ligne à une altitude que, d'après ce que je sais, même les plus grands oiseaux n'atteignent pas.

La nuit est là maintenant et le ciel va se consteller. Se repérer avec précision pendant la journée est difficile et seuls les plus aguerris au désert savent se situer grâce à une ombre, une montagne, un pli de dune, un ancien oued ou grâce à des cercles dessinés sur le sable par le vent. Il faut toute une vie d'errance pour cela. Pour lire la route, il faut apprendre des anciens. Quand ils se déplacent dans le désert, les Kel Tamajeq avancent sur un axe précis auquel ils ne dérogent pas et de part et d'autre duquel ils sont comme moi : perdus.

Avec les étoiles, je vais pouvoir retrouver l'axe sur lequel nous progressions et je vais partir dans cette direction. Je pourrai augmenter mes chances de croiser le groupe venu à ma rencontre, ou de le rejoindre s'il m'attend. En cette saison, les températures nocturnes sont encore supportables. Je m'assieds à même le sable, genoux contre poitrine dans mon habit, pour garder la chaleur sur moi et je guette l'étoile Polaire et la position d'Awara, la Petite Ourse, qui est son prolongement. Comme le jeune chameau dont on entrave la patte le soir à un piquet autour duquel il tourne toute la nuit, la Petite Ourse tourne autour d'elle. Je sais que nous avancions à cent dix degrés vers l'est. Je trace au sol un cercle que je divise en quartiers, puis en degrés, en partant de zéro que je place en face du nord. Je trace une flèche au sol dans la direction que je prendrai demain. En route, lorsqu'il fera jour, il faudra que je trouve des repères visuels successifs pour garder mon azimut et avancer toujours tout droit.

Je partirai dès que la lumière sera suffisante. Je retire mon burnous, l'enfile de nouveau mais à l'envers, les pieds dans la capuche, et je m'allonge. Ensuite, j'ajuste mon chèche. Il faudrait réussir à me reposer et trouver le sommeil, mais en vain. Je n'ai presque pas bu de la journée et j'ai déjà soif. Je m'en veux d'avoir pris ce risque inutile et je me demande quelle est l'attitude des autres et ce qu'ils ont décidé de faire pour me retrouver : sont-ils restés immobiles à m'attendre ? Ont-ils rebroussé chemin ? Peu de chance qu'ils se soient séparés. Je sais qu'il suffit que nos routes passent de part et d'autre d'une dune pour se croiser sans se voir. Je sais que je vais me faire sérieusement tancer, pourtant c'est mon seul désir. Pour retrouver le calme, pour réfléchir, il faut se poser. J'ai déjà vu des hommes pris dans des tourmentes cesser toute activité et s'allonger à même le sol. La nuit, le sable passe du jaune au noir, il est bon conseiller.

Voguant dans un état entre le sommeil et la pleine conscience, je me remémore une histoire entendue lors d'une veillée : deux Toubous, des bergers du nord, s'étaient perdus dans l'Aïr. Ils étaient des voleurs mais aussi des Sahariens aguerris, capables de supporter la marche, la soif, la chaleur. Après un larcin, ils avaient été capturés par des militaires et, alors qu'on les ramenait sous escorte pour les faire juger, ils s'étaient enfuis vers des montagnes et avaient réussi à semer l'armée à leurs trousses en ne marchant que sur des cailloux pour ne pas laisser de traces. Ils se nourrissaient de pulpe de palmier et avaient tué une gazelle avant de traîner sa dépouille jusqu'à un puits, s'étaient nourris de la bête et fabriqué des outres avec le cuir, qu'ils avaient cousues et remplies d'eau. Leurs poursuivants trouvaient des traces de leurs bivouacs successifs et pensaient les rattraper. Les fuyards ne prenaient pas de repos. En six jours, ils avaient parcouru près de deux cents kilomètres et se dirigeaient en ligne droite vers un puits bien connu. Alors qu'ils allaient rebrousser chemin et avertir leurs collègues qui officiaient là-bas, les militaires ont aperçu un corps allongé sur le sol. Un des fugitifs était mort, poignardé. Le drame était facile à reconstituer. L'eau des gourdes s'amenuisant et sachant qu'il n'y avait pas assez de boisson pour deux, un des hommes avait tué l'autre. Hélas pour lui, il ne devait pas savoir s'orienter et on avait retrouvé son corps plus loin, bien à l'écart de la route directe. On pouvait deviner la souffrance qu'il avait endurée avant de mourir : l'errance, les chutes répétées, les outres vides abandonnées, son obstination à gratter le sable pour trouver de l'eau, et puis ses vêtements dont il s'était défait avant, à bout de forces, de s'ouvrir les veines pour mettre fin au cauchemar.

Je finis par sombrer dans un sommeil médiocre et le changement de lumière, le lever du soleil rougissant de l'autre côté de l'horizon, me réveille. Le jour qui pointe est étrange, différent des jours précédents, mais peut-être est-il plus tôt ? Je suis perdu sur le territoire, mais je commence à me perdre dans le temps. Je n'ai pourtant pas l'esprit confus, j'ai simplement très soif. Ma peau est sèche, je la pince et elle ne reprend pas sa forme, j'ai des difficultés à déglutir, ma langue reste collée sur mon palais et je cherche en moi un peu d'humidité. Je me lève, enfile mon vêtement dans le bon sens et, après l'incontournable regard circulaire pour vérifier que je n'ai rien oublié (c'est sans risque, car je n'ai rien d'autre qu'un seau de plastique), je me mets en route. Il va falloir avancer dans la chaleur en économisant mes forces, éviter d'avoir chaud aussi, garder le cap. Je n'ai rien bu depuis hier et d'ici ce soir, si je ne les ai pas retrouvés… inutile d'y penser… il faut que je les retrouve.

Depuis la flèche tracée au sol cette nuit, je vise un repère à quelques centaines de mètres devant moi : le versant d'une dune à l'endroit où le sif, la lame, s'infléchit le plus. Je m'y dirige. Je passerai sur la gauche du relief et je corrigerai cet écart ensuite. Je marche tête baissée sous un soleil qui donne déjà, les muscles instinctivement relâchés pour peser au minimum sur le sol, pour ne pas m'échauffer inutilement. Arrivé au repère, je me retourne pour visualiser mon point de départ et je trace une nouvelle flèche dans le sable en pointant un autre jalon plus loin vers l'avant : l'horizon y est barré par une immense et haute dune. En son milieu, elle s'infléchit et forme une sorte de col, passage obligé pour les caravanes. Les distances sont difficiles à évaluer. Cinq à six kilomètres, peut-être davantage. Pour arriver là-bas, je vais d'abord devoir franchir plusieurs petites dunes. Il faut y aller, j'ai chaud, mes yeux sont secs, ma gorge aussi. La matinée débute à peine que j'ai déjà de la fièvre. J'ai vraiment soif. Je sais que tant qu'on la ressent, on n'est pas en danger.

Je repars avec le mental d'un chameau de tête, regard au sol et allure butée. J'avance comme on respire, parce qu'il le faut. Pour garder la bonne orientation, je monte des dunes face à la pente et redescends l'autre versant. Arrivé au pied du col, je suis épuisé, cuit, une partie de moi s'est évaporée. J'avance droit dans la montée. C'est alors que des événements surviennent coup sur coup : je repère nettement des signes de passages dans le sable. Mon cap était donc le bon, et ce chenal quasi obligé, et puis je relève des déjections de chameaux. Ouf. Il s'agit maintenant de savoir dans quel sens les animaux (et donc les hommes) se déplacent. Le groupe est-il plus loin devant ou bien a-t-il fait demi-tour ? M'a-t-il croisé sans me voir et se trouve-t-il désormais en retrait ? Je m'efforce de traduire les empreintes des pieds, de comparer la fraîcheur des déjections mais le sable est trop fluide pour y voir autre chose que de multiples piétinements de formes indistinctes. Quant aux bouses, à peine sorties du cul des bêtes qu'elles ont la dureté d'un caillou. Je ne sais pas quelle décision prendre : continuer sur les traces en avant, ou revenir en arrière ? Sont-ils loin, ou tout proches ? Se produit le second événement : des détonations surgissent, cinq à la suite, j'ai le temps de tendre l'oreille pour les situer plutôt devant moi, de l'autre côté du versant où je me trouve. Ce ne peut pas être des tirs de chasse, mais s'agit-il de coups de feu ou d'un phénomène naturel ? Je tends l'oreille dans toutes les directions dans l'attente de nouvelles déflagrations et ce faisant, je découvre que le ciel a changé dans mon dos. La lumière est en train de virer au noir, là-bas. Quelque chose se glisse entre le soleil et la terre et un nuage gonfle au ras du sol. La masse noire prend de l'ampleur, elle s'épaissit et gagne en vitesse. Un sombre et impérieux nuage s'est formé, il est en train de fondre vers moi. Mes réactions sont diminuées par la soif et la fatigue et je reste là, immobile, paralysé par ce qui est en train de se produire. L'accumulation des événements, les traces de pas, les tirs, le nuage s'empilent dans mon cerveau ralenti et je ne parviens pas à en tirer des conclusions, à prendre de nouvelles décisions. Je suis sans mouvement quand un souffle brûlant arrive sur moi. Je sais ce que cela signifie : le vent va forcir rapidement et soulever les dunes pour les pulser au diable ; le désert va se mettre debout et des forces contraires vont tenter de l'aspirer vers le ciel. Dans ma jeune vie d'homme du désert, j'ai eu le temps d'apprendre ce que c'était et de m'en méfier. Les Arabes l'appellent haboob : la tempête de sable. Elle peut être haute comme une montagne et avancer deux fois plus vite qu'un chameau au galop. Elle peut durer plusieurs jours ou s'arrêter en quelques heures.

J'abaisse ma capuche et je plaque mon taguelmoust sur mon nez et ma bouche ; pas d'autre solution pour se protéger que s'accroupir et courber le dos au vent qui crache déjà le sable à l'horizontale. À genoux, j'enfouis mon visage dans mes avant-bras posés sur le seau retourné, je protège mes yeux. La visibilité devient aussitôt nulle. L'air chargé est irrespirable. La tempête envoie ses ruades et mon habit est un tapis que l'on secoue contre mon dos. Chevauché par des vagues successives que les rafales emportent plus loin, je tousse et ma gorge déjà tarie me brûle. Offert à la folie du vent, protégé par rien, l'idée me vient de réfugier ma tête dans le seau. Sitôt fait, le sable crépite sur le plastique, force vers l'intérieur pour devenir tourbillon et refoule vers mon nez et mes bronches. Je tourne ma tête recouverte de ce drôle de casque vers l'axe du vent et je hurle ma colère, un cri de défi à l'ennemi gigantesque. La tempête vient alors buter contre le fond du seau et se disperse autour. Même si je dois le tenir à deux mains pour ne pas qu'il s'envole, je peux ouvrir les yeux et respirer de nouveau.

Les bourrasques se succèdent. Les esprits de la mort, sans doute agacés par mes moqueries, ont décidé de m'égarer et font tambouriner leur haleine râpeuse qui exhale à travers le seau que j'agrippe pour ne pas le perdre. Suspendu à mon casque ridicule et agenouillé dans un face-à-face grotesque avec la tourmente, assommé par le sable qui fouette les parois, par mon vêtement qui faseye et claque, par cette tempête qui donne tout son souffle maintenant, je n'ai d'autre choix que de résister. Il n'est pas question de mourir, mais de combattre. Ma bouche n'est pas seulement déshydratée, elle est ensablée. Le désert, hors des oasis, hors des soirs où les étoiles l'apaisent, déteste les hommes et il est inutile d'implorer sa pitié car elle n'est pas de son monde. Lorsque son funeste devoir est en route, quand son feu ne suffit plus pour assécher le sang et anéantir la vie, il envoie Haboob pour achever les rares survivants. Sec et éternel, sans odeur, sans saveur ni compassion, le désert est ce guerrier faussement endormi qu'il ne faut pas approcher et encore moins sous-estimer ; il est le début et la fin de tout ; il est l'ensevelissement.

La tête prise dans le halo d'une pâle lueur rouge que diffuse le seau, je pense à Nora. Je pense à la paix du soir, quand, dans la fournaise vaincue par la nuit, son regard divague autour de moi et que dans le même égarement elle passe lentement l'ongle de son pouce sur sa lèvre inférieure. Est-ce que ce vent maudit va s'arrêter un jour ? Est-ce que le sable a une fin ? Est-ce que les dieux ont des dieux auxquels ils obéissent ?

Après des heures d'un combat dont on se demande quelle est la raison, faute d'ennemi à abattre et avant de rejoindre bredouille son antre, Haboob abandonne au désert un dernier soupir. Le monde de la soif a vaincu le monde du vent. La tempête refoule et la lumière à l'intérieur du seau devient plus forte. Bien que de courtes rafales surgissent encore, le crépitement du sable s'estompe et je sombre dans un état comateux où je rêve que je capture des vipères des sables à la main, sépare la tête de leur corps d'un coup de couteau pour aspirer comme dans une paille l'eau dont leur corps est constitué. Je suce le tissu de mon chèche mais je n'ai plus de salive, je l'ai déjà avalée. Recroquevillé depuis tout ce temps, la tête plongée dans un seau, le souffle aigu de ma respiration a remplacé celui du vent et au bout de plusieurs heures à résister contre lui, mon ventre et mon dos ne font plus qu'un.

Je quitte mon abri de plastique pour reprendre place dans la fournaise : du sable, des dunes, un soleil couleur de plomb et le mystère sans fin tout autour de moi. Le décor est redevenu ce que l'on sait déjà de lui.

Je me déshabille entièrement, secoue mollement mes frusques. Avec ma peau à nu, blanche et aride où saillent mes os, je me tourne vers le ciel, bras écartés. J'offre ma vulnérabilité pour montrer combien ce combat et tous les combats ne me concernent pas. En invoquant les superstitions à ma manière, je veux juste obtenir des Kel-essouf, les gens du vide, les esprits que redoutent mes frères, ni le pardon ni une trêve, mais dussé-je y perdre mon âme, qu'ils m'aident à sortir de ce piège.

Je repars, mon seau à la main. Le vent a effacé les traces au sol, mais il faut poursuivre et gravir maintenant cette hauteur qui mène à l'autre versant. Encore un effort vers un ciel dégagé et j'aurai une vision sur l'horizon devant et tout autour. Je pioche dans la pente. Le sable se dérobe sous mes pas. Tout est confus désormais : les coups de feu entendus plus tôt, la soif qui brûle toujours, les possibilités de survie, la souffrance. Je suis encore loin du sommet, et tandis que je m'arrête de nouveau, vaincu par l'effort, que je suis envahi par le sentiment qu'aucune providence n'est possible, c'est elle qui vient vers moi. Surgissant du plus haut de la dune, bondissant dans ma direction, Oska le lévrier déboule du fin fond de nulle part et m'assiège en courant. Je tombe à genoux, bras en croix. Le chien est en pleine forme et se rue sur moi.

Et j'apprends à cet instant que le va-et-vient d'une langue animale chargée d'une humidité chaude sur le visage peut être la forme la plus inespérée de vie.

Chapitre 4

Je prends le chien dans mes bras et je pleure des larmes sans eau, je gémis ma peine et ma joie confondues. Oska, le bon chien, bon pisteur, bon chasseur, bon coureur, avec son poil doux, ses muscles secs et les os de ses flancs effilés. Oska au souffle moite. Oska, le chien du père, à la fois fennec et dromadaire, ami et gardien du camp, sauveteur à ses heures. Oska qui m'a retrouvé et qui va me ramener vers les autres. Je m'allonge sur le dos et le chien me laboure la figure de sa langue râpeuse, il me lave, me rafraîchit, me redonne espoir.

Je me redresse. Le chien veut m'attirer dans une direction bien précise. Si je m'éloigne à droite, il m'attend à gauche. Je décide de le suivre. Il part devant, un peu de biais, queue entre les jambes, la tête tournée vers l'arrière comme pour vérifier si je le suis. Son pas est court. Aucun doute : il m'attend. Quand je prends du retard, il s'assied et je ris nerveusement de ce que l'on dit des lévriers : « Ils sont plus grands assis que debout. » Je ne peux plus avancer assez vite et je dois faire des efforts démesurés pour rejoindre l'animal dont les pauses répétées forment autant de jalons. Je réussis à atteindre le seuil au-delà duquel la vue vers l'avant est dégagée. Je scrute, espérant y trouver un refuge, un signe, une perspective. Il n'y a rien d'autre à voir qu'une mer de dunes toutes alignées sur le même axe, et autant d'obstacles peignés par le vent, désespérément identiques. C'est un vertige horizontal qui vacille du sud au nord et du bas vers le haut. Sous mes pieds et dans mes narines, mes vêtements et ma bouche, ce n'est qu'une immensité inapte à la vie et amoureuse de la sécheresse. Pas une montagne au loin, pas une zébrure ou un vague signe de nuage, pas même un mirage. L'avenir est un étau dans lequel le bleu du ciel écrase le jaune de la terre. Je viens de franchir les portes de l'enfer.

Mais le chien, d'où venait-il ? Où sont les hommes ? Où va-t-il maintenant ? Il ne m'attend plus et s'éloigne plus loin dans ce four ? Je suis perdu. La soif m'étrangle et devant moi, comme derrière, comme partout, comme hier ou demain, il n'y a rien. Davantage aspiré que poussé par une force, je m'engage dans le néant à la suite de l'animal.

Le chien est loin devant désormais. La lumière et l'épuisement modifient mes perceptions et je le distingue flou, son corps étiré flotte en hauteur. L'air tremblote, les rares bruits (respiration, frottements de tissus, sable qui s'enfonce sous la marche) sont mats. Je m'affaisse souvent et je me relève pour repartir sans repère et sans but sinon pour aller vers la silhouette du chien qui s'éloigne de plus en plus. Je divague vers lui en zigzags, bouche ouverte. Chaque pas est un abandon, chaque abandon fait renaître un nouveau pas, plus court que le précédent. Aussi vrai que devant, c'est tout droit, marcher, c'est s'enfoncer, et s'enfoncer, c'est étouffer. J'avance vers une improbable destination et je scrute l'étendue de cette mer immobile dans laquelle je suis perdu. En prenant mes parents, le désert a déjà tué le peu que j'étais, il veut sceller mon avenir. Le vent chaud m'emporte plus loin dans le vide, vers une agonie qui approche. J'aurai vécu pour rien. Et j'aurai vécu si peu. J'écarte les pans de mon habit au niveau du cou. De l'air ! D'instinct, je pose la main sur le manche de mon couteau. À la fin, je m'ouvrirai les veines.

Le chien grossit de nouveau. Le ciel s'effondre, le sable s'enflamme et le soleil devenu fou est à l'offensive, totalement. Je vacille au milieu d'un feu strident. Je ne sais pas si je marche ou si je tombe, si on me porte ou si je souffre, si je respire encore. Le chien est là, ou bien il n'y est plus. Il apparaît par intermittence, flou et incandescent. Et puis je le vois, à portée de main, assis à quelques mètres. Il me regarde. Mais il n'est plus là. A-t-il compris que je suis à bout ? C'est le chien des enfers. Je tombe. Me relève. Retombe… Mirage ou réalité ? Est-ce un chien ? Est-ce lui ? À quatre pattes moi aussi, je tends une main maladroite et touche son encolure. Je m'y accroche. Il gratte le sable et, sous sa patte, un tapis apparaît, une forme arrondie, on dirait un abdomen d'animal, on dirait des poils, on dirait le ventre d'un chameau à demi enseveli.

La découverte me fige. J'essaye de mobiliser ma conscience, d'y voir clair. Je tape du poing dessus. Oui, c'est bien une bête morte devant moi et quand je dégage le sable autour d'elle, je reconnais le jeune chamelon au poil blanc du père. Il a du sang à peine sec autour de la tête. Son corps encore souple et chargé de son humidité atteste que la mort est récente. Allongé sur son cadavre, je brasse à toute force pour débarrasser le sable qui le recouvre.

Est-ce que l'instinct de survie existe et peut nous amener à une forme d'extralucidité, à augmenter les capacités à penser ? Est-ce que tout ce que j'ai fait ensuite est inscrit en nous préalablement ? Il se pourrait qu'il s'agisse, de la même manière qu'un jeune mammifère tète sa mère, d'une forme diffuse et universelle de l'intelligence. Je sais que la panse des chameaux retient une grande quantité de liquide et qu'on peut le boire. J'ai déjà vu comment découper la peau épaisse d'une bête. Mû par une volonté renouvelée, je vais extraire l'organe que je convoite. Je prends mon couteau et je l'enfonce droit dans le cuir du ventre. Lorsque la lame traverse la peau du chameau, une poussée d'air odorante sort en sifflant et le ventre s'affaisse. Le temps d'une pause, le sang chaud vient sur mes mains. Je reprends mon travail et cisaille lentement la chair morte, la saisis et l'écarte. Mon souffle est court, l'effort n'est pas violent mais je suis abattu. Je tranche de nouveau et j'étripe complètement l'abdomen, les organes sont accessibles, je coupe encore et ils se répandent partiellement en dehors du corps. Je sépare les intestins, le côlon, les glandes, l'œsophage, le foie et d'autres organes inconnus. Ça dégouline. L'odeur est infecte mais c'est une odeur de vie. J'étale toute ma boucherie. Mes bras sont couverts de sang, de sable, de glaire ou de téguments gras. M'enfonçant jusqu'aux épaules dans le ventre, je soustrais la panse où se trouve le liquide et la dépose comme une outre devant moi. Je perce le dessus de la pointe de mon couteau et y applique ma bouche. En appuyant lentement des deux mains sur le volume, il en sort un jus verdâtre et nauséabond. J'en humecte ma langue, mes lèvres, ma bouche, mon gosier. J'avale lentement, laisse diffuser. Je suis une plante desséchée qu'une pluie épaisse irradie, abonde, nourrit. Elle serpente dans mes branches et parvient à mes tissus et capillaires. Je relève la tête et le liquide gras coule dans mon gosier. Je me transfuse à l'outre puante dont la liqueur parcourt mon corps jusqu'à l'estomac. Je suis ivre d'épuisement, fiévreux, ma vision est affectée, mes mains tremblent, mais la mort est vaincue. Le chien, le sauveur, est plus réel désormais. Je le vois clairement. Il mord dans les chairs du chameau à pleines dents, lape le sang, mâche bruyamment les viscères qui dégoulinent de chaque côté de sa gueule.

Je me réalimente de nombreuses fois et à petites doses. Les troubles dus à la déshydratation s'estompent. Assis là, au cœur du carnage, longtemps hagard, je suce lentement des morceaux de chair et je bois le jus tandis que la journée décline. Mon épiphanie se poursuit jusqu'à la nuit et si des rapaces étaient venus planer un peu plus tard en cercles au-dessus de ce coin de désert, ils auraient vu un jeune garçon et un chien épuisés, rassasiés et finalement endormis aux côtés du cadavre d'un chameau dépecé. À une dizaine de mètres d'eux, ils auraient pu distinguer des lambeaux de tissus en partie recouverts de sable par la tempête de la veille et un corps humain plongé dans une torpeur dont on ne s'éveille jamais. Ils se seraient enfuis alors, horrifiés par les hommes, dépassés par leur violence, et il se pourrait que si on voit si peu de rapaces prédateurs dans le désert, c'est que partout où les hommes s'entretuent, les oiseaux ne chantent plus, ni ne s'aventurent. Je ne découvrirai le cadavre de Youssef que le lendemain matin. Je comprendrai d'où venaient les déflagrations entendues depuis l'autre côté des hautes dunes et je verserai en pleurant des poignées de sable sur sa nuque, là où les balles ont creusé un trou.

Plus tard, après avoir élevé un fragile tombeau fait d'un rempart de sable autour de celui qui était notre boussole, connaissait les secrets enfouis dans chaque étoile et dans chaque grain de poussière, parce que je n'ai pas de prière à dire, alors je l'abandonne là, confié à la permanence du soleil qui blanchira ses os ; je pars à pas lents, non pas pour économiser mes forces, mais parce que quand on a perdu le peu que l'on avait, qu'on ne sait plus où aller, que le désespoir devient errance, on n'est pas pressé.

Avant de continuer tout droit en me fichant de savoir si ma route mène quelque part ou pas, j'ai pris le temps de tendre mon chèche sur le dessus du seau et de filtrer consciencieusement le liquide récupéré dans l'animal. Youssef mort, le chameau blanc aussi, Karim et le père disparus avec les autres bêtes et les caisses qu'ils transportaient, confirment que si le désert est une matrice, c'est celle de la mort et de la fin de tout. Débordé par les événements bien trop grands pour moi et qui me renvoient aux années d'épouvante, aux années où je ne parlais plus, je deviens une sorte d'animal à la carapace poreuse inapte au chagrin. J'agis : je remplis le seau aux trois quarts, je découpe de longs lambeaux de viande que j'étale sur le sable pour les fumer à la chaleur du soleil, je façonne aussi une sorte de sac avec la peau du chameau pour en faire une besace qui me servira à transporter ma nourriture. Une fois reposé, alimenté, je repars, couteau à la ceinture, ma besace de viande sur l'épaule et le seau à la main.

Pendant que je fais mon chemin sur la terre, le soleil dessine le sien dans le ciel. Il est face à moi le matin et bascule dans mon dos tandis que je marche vers l'est, invariablement. Faire demi-tour serait vain, car je n'aurais pas assez de nourriture pour survivre au chemin à l'envers. La seule issue est devant moi, pourvu qu'il y en ait une. Le soir, je dîne d'une viande crue dont la couleur a viré au noir et qu'il faut mastiquer longtemps. Après avoir bu la soupe putride et offert sa part au chien, je m'allonge dans mon burnous. Je reste longtemps les yeux ouverts, me sentant profondément humain mais immensément seul et démuni au milieu de ces milliers d'étoiles qui scintillent. De cette tristesse et de cette unicité que je fais avec la terre et le cosmos, je tire une vague détermination qui m'enjoindra de courir le désert demain encore. Pendant la nuit, je fais un nouveau rêve : je me vois avancer dans les dunes et des hyènes me suivre et me regarder de loin comme à un spectacle. Épaules contre épaules. Têtes de lion sur corps de loup. Une vilaine courbure commence à leur regard et se prolonge jusqu'à la queue. Leur poil rare et jaune couvre des flancs creux. Avides de chairs, elles me surveillent. Elles attendent leur tour en ricanant.

Je marche ainsi encore pendant trois jours, inlassablement, buté, en apnée, comme un noctambule vers le néant. Je partage l'infâme nourriture avec le chien. Tout est immuable : le sable, la chaleur, le décor, le silence, le poids de chaque pas qu'il faut extraire du sable devenu une pâte. Seuls changements : le liquide dans le seau est de plus en plus épais et malodorant ; la viande suspecte verdit et devient raide comme du cuir séché. Je ne marche plus : je m'englue.

Main en visière, le regard voilé de fatigue et de chaleur, je guette une modification du paysage, une ondulation moins marquée. Je n'espère pas l'apparition d'un peu de verdure, mais au moins de quelques roches pour commencer, signe d'un accès à des zones plus vivables. Mais l'immensité et l'unité du désert dépassent l'imagination. À chaque nouvel horizon que je franchis, le spectacle est le même ; un monde sans fin de dunes par-dessus lequel est posé un couvercle où rayonne un feu. Le chien cesse de manger et de boire. Il se détache de moi et erre maintenant seul de son côté, queue rentrée, tête baissée. Ses pattes fléchissent lorsqu'il marche. Il est à bout. Mes lèvres se crevassent de nouveau, ma langue est devenue un bout de bois. La question n'est pas de savoir si je suis au début de la fin ou bien à la fin du début car il n'y a plus de questions : qui meurt de soif devient comme la terre, il durcit, se fissure et craque.

Je n'attends plus aucun secours, et pourtant, en plein cœur de cette journée-fournaise que rien ne distingue des autres, au milieu des heures identiques aux autres heures pendant lesquelles je m'abrutis à crapahuter, que j'ahane dans le désert, un chameau apparaît au détour d'une dune. Il est à l'arrêt. Bien vivant celui-ci. Le nez en l'air et posé sur ses quatre pattes. Sa longe pend au sol. Le bât qu'il porte sur son dos s'est desserré et le chargement pend sur le côté. Je m'approche de lui. Je reconnais une de nos bêtes, c'est celle qui porte le carton marqué HONDA avec la tondeuse à gazon à l'intérieur.

Le chameau reste immobile et arbore son faciès mal aimable spécifique à son espèce. Il mastique du vide en me regardant de son air condescendant. Je pose mon seau et, à gestes mesurés, je saisis les rênes avant qu'il ne s'enfuie. À l'aide de mon couteau je tranche les cordages et le déleste de son fardeau bancal. Le carton échoue dans le sable et il y restera, ça fera comme une météorite et il se peut qu'un jour quelqu'un le découvre et se demande d'où il vient et ce qu'il fait là. La bête est en bien meilleure forme que moi et je vais pouvoir désormais voyager sur son dos, sans compter que ça me fait une nouvelle réserve de liquide et de viande. Si le voyage devait se prolonger, je le tuerais. Je réinstalle le bât, retends les colliers et redresse le montage, de quoi faire une selle. Il n'y a plus qu'à contraindre la bête à s'agenouiller pour monter sur son dos, en vain car ce chameau n'a jamais été utilisé comme bête de selle. Il essaye de me mordre, je crie, tire sur la longe, il blatère. Je le frappe au niveau du genou. Rien n'y fait. Je n'ai pas la force de poursuivre alors je l'insulte et n'insiste pas. Je repars en marchant. Je tire sur la longe un coup sec et il accepte de me suivre ; il porte le seau et le sac de viande. C'est déjà ça. Quant au chien, il a renoncé et s'est allongé dans le sable. Je l'appelle, il ne vient pas. Je m'approche de lui, il est chaud, sa truffe et sa langue sont sèches, son cœur tambourine. Ses yeux sans expression sont enfoncés dans leurs orbites. Je n'ai pas la force de le hisser sur le chameau, encore moins de le porter. Le désert est un tombeau où bêtes et hommes sont à égalité. Oska termine sans doute ici son pèlerinage sur terre. Il n'ira pas plus loin et je l'abandonne. Adieu ami, adieu le chien.

Je n'ai pas fait trois kilomètres que je suis confronté à une nouvelle apparition : des hommes cette fois. Ils sont à pied et débouchent en ligne face à moi sur l'horizon. Encore une fois, je pense à un mirage, un produit de mon esprit épuisé. Ils progressent sur le même front à distance les uns des autres. La vision est brumeuse et déformée, incertaine, mais j'entends leurs voix. Ils m'ont vu, convergent vers moi. Amis ou ennemis, peu importe. Visages cuits, vêtements bigarrés qui flottent dans le vent chaud, têtes découvertes ou enturbannées, ce sont des Arabes, des Bédouins. Ils s'approchent et m'entourent bientôt. Leur présence se concrétise, devient palpable. C'est bien réel. Ils semblent nombreux, dix, vingt, cent ? Ils parlent dans leur langue dont je maîtrise quelques bribes mais qui forme un brouhaha, m'enveloppe. Les conversations résonnent et s'entrecoupent. L'un d'eux me touche l'épaule, un autre approche une gourde d'eau de ma bouche, ils m'aident à m'asseoir, me soutiennent. Je divague. Tout tourne d'un seul coup : les voix, les lumières, l'ivresse du monde, le soulagement de renouer à l'essentiel. Mes jambes fléchissent, je me laisse aller, je me sens devenir nuage et l'évanouissement est proche. Je ne sais pas si j'aurais pu tenir longtemps encore, mais c'est sans importance car c'est sûr, cette fois, je suis sauvé. Un homme saisit la bride du chameau. Il me parle en français. Je reprends une gorgée à la gourde qu'un autre tient pour moi. Je le regarde, je comprends ce qu'il me dit mais je n'arrive pas à formuler une réponse :

– Tu es le Touareg français ? me demande-t-il.

Entre deux gorgées d'eau, je hoquette, ce qui vaut réponse. Oui, sans doute. Je suis bien celui-là. Qui sont-ils ? Comment savent-ils qui je suis ?

– Le centre du ciel et celui du désert se rejoignent là où vont tes pas, reprend mon interlocuteur. Nous espérions bien qu'Allah nous guiderait jusqu'à toi.

Nous restons longtemps pour que je puisse me ressourcer à leur eau et reprendre un peu mes esprits. Je leur indique la présence du chien, aussi quelques hommes partent à sa recherche. J'ai de la fièvre mais elle n'est pas seulement due à la chaleur, elle est liée à la fatigue, à la déshydratation et aux aliments avariés que j'ai mangés et bus. Les hommes qui sont venus à moi ont un camp, plus loin, à quelques heures de marche. Là-bas, il y a des véhicules, de l'ombre, des tentes où je pourrai me reposer. Ceux partis à la recherche du chien reviennent et confirment qu'il n'a pas survécu. Je ne crois pas qu'il puisse y avoir un paradis ailleurs que sur la terre pour les chiens. Inch'Allah. Je me redresse, je vacille. Je ne sais pas qui ils sont, ni pourquoi ils me connaissent, mais allons-y. Le groupe se met en marche, attentif à mon rythme. Le chameau a retrouvé le chargement qu'ils ont récupéré près du chien et il est réhabilité en convoyeur de tondeuse à gazon ; j'abandonne ici mon seau salvateur où il restait encore un fond de bouillie infâme et je reprends la marche, soutenu par deux de mes sauveurs dont je ne sais rien et qui ne semblent pas tombés du ciel pour autant. Pour m'encourager, des hommes me montrent la direction avec des mouvements du tranchant de la main. Ils indiquent que c'est droit devant. Ils sourient et me parlent en arabe. Je ne comprends pas grand-chose, mais leur langue forme des notes de musique lancées dans le vent, comme un instrument à qui se confier, une danse qui m'emporte et que je vais exécuter jusqu'au bout du bout de la fatigue.

J'aurai appris que l'espoir, c'est ce qui apparaît quand il ne reste vraiment plus rien.

Chapitre 5

Je suis avec les Bédouins depuis plusieurs semaines et j'ai bien compris que ce ne sont pas des Bédouins ordinaires ; que ce ne sont pas des Bédouins du tout. Ils n'ont pas d'animaux à soigner, ni chameaux, ni chèvres, ni ânes, pas même un chien. Je ne vois pas d'enfants à nourrir, pas de tentes à démonter. Ils sont en attente, immobiles. Ils ont des 4 × 4, des motos, des kalachnikovs et des ordinateurs portables reliés à des satellites. Ils sont en guerre. Ils vivent dans des tentes ou des maisons de sable rouge recouvertes de tôles brûlantes au cœur d'une ville abandonnée qui fut successivement une mine de sel, puis un bagne. C'est un endroit qui ressemble à la fin d'un voyage, ou à un départ, dans tous les cas, un endroit ou on ne reste pas. Je me demande qui sont ces hommes. Pourquoi vivent-ils ici ? Que font-ils ? J'ai eu peur de mourir, de ne plus jamais revoir Nora ni revoir personne ; ceux qui m'ont retrouvé sont différents de ceux que j'ai perdus et je ne sais pas ce qu'il advient des gens qui se perdent dans le sable et sont recueillis par d'autres. Est-ce qu'ils leur appartiennent ? Est-ce qu'il leur faut désormais vivre avec eux comme je l'ai fait avec les Kel Tamajeq ? Devenir un des leurs ? À chaque fois que l'on s'égare, tout recommencerait donc.

Des groupes électrogènes tournent nuit et jour pour fournir de l'électricité. Il y a des antennes satellites, des tentes dont la couleur se confond avec celle du sable, des malles remplies de vivres, de médicaments. Des réserves d'essence et d'eau complètent l'équipement. J'ai été très malade, déshydratation, intoxication, j'ai eu des diarrhées terribles, des douleurs au ventre, je ne tenais plus debout et ils m'ont soigné, se sont relayés à mon chevet pour tapisser mon front de linges humides, me donner à boire, à manger ou m'aider à me relever. Maintenant, je suis guéri. Mes Bédouins vivent loin des autres non pas parce qu'ils en ont peur, mais parce que la distance entre eux et le reste du monde les protège. Ils sont entre hommes, plus d'une centaine, ils viennent de pays loin d'ici : Algérie, Libye, Afghanistan ou depuis l'Europe. Certains ont quitté leurs tribus touareg, des Iknadogas, des Kel Adagh, des Kel Alkitt… Fatigués d'être pourchassés, ils ont quitté la vie de leurs ancêtres. Ceux-là veulent un pays à eux qu'ils appelleraient l'Azawad, un pays de pâturage sans frontière où ils seraient chez eux. Alors, ils ont rejoint les autres et font ce qu'ils appellent le djihad : la guerre sainte.

Ils sont planqués au cœur du désert du Mali mais leur ennemi se tient partout sur la terre. Ils se battent contre des idées, des religions, des modernités qu'ils réfutent, contre les méfaits de la colonisation ancienne, de ces hommes venus de l'autre côté des mers pour se nourrir de la terre et des hommes d'Afrique. Ils n'ont plus d'espoir dans aucun État ou n'importe quel système. Beaucoup arborent un foulard noir noué sur le front, symbole de leur allégeance. Je ne sais pas si je dois être heureux de les connaître tous, pourtant sans eux je n'aurais pas survécu.

De temps en temps, ils mènent des « actions ». Les pick-up démarrent et ils partent dare-dare, debout dans les bennes, bras levés avec les fusils mitrailleurs. Le sable se soulève et par-delà la tourmente, la poussière qui vole et le bruit des moteurs, les véhicules qui s'éloignent en dansant sur les cahots, on entend leur clameur dans tout le ciel : Dieu est grand. Allahu Akbar ! On ne les revoit pas pendant plusieurs jours. Parfois, certains reviennent blessés, soignés à la hâte avec des linges trempés de sang, ou ne reviennent pas. Leur ennemi est plus fort qu'eux alors ils rusent, ils s'inspirent des animaux et utilisent la stratégie gagnante du chacal face au lion : il va au combat là où on ne l'attend pas, arrache un morceau de chair, s'écarte et revient encore. À la vie, à la mort.

Nazim est à la fois un de leurs chefs et un penseur. C'est le plus bavard. Il m'a pris sous sa coupe et semble vouloir tout m'expliquer. Il parle français et arabe. Je retrouve mes racines linguistiques, je comprends à peu près ce qu'il dit mais ses histoires me dépassent car je ne connais rien du monde dont il parle. Nazim s'appelait Yohann autrefois, avant ce qu'il appelle sa « transformation ». Il n'a pas toujours vécu dans le désert, ni en Afrique. Son adresse, c'était la barre Balzac à la Cité des 4 000, dans le neuf cube, à la Courneuve.

– C'est quoi une adresse ?

– Je t'explique.

Alors, il m'explique car je ne sais rien de la façon dont le monde est organisé, rien des frontières d'Afrique tracées par les Blancs dans le dos des autochtones. Avant de savoir ce que cela signifie d'avoir une adresse, j'apprends comment le monde est séparé en deux : d'un côté le bien, de l'autre le mal. Le plus grand mal, c'est l'Amérique. Mais il y a aussi tous les pays où vivent les mécréants. La guerre qui est en cours n'oppose pas deux pays entre eux, mais deux civilisations. Le sort de l'homme se joue désormais et le monde d'Allah est une nation mère qui englobe tous les enfants, tous sont frères. Il n'y a pas de frontière et il faut la défendre, quitte à divorcer de la vie.

Je ne savais pas que des pays existaient et avaient colonisé d'autres pays pour piller leurs richesses et exploiter les hommes. Que ces pays sont repartis ensuite mais que l'Afrique en souffre toujours. Il m'apprend que dans le Sahara où vivent si peu de gens et où tous se déplacent, chacun sait plus ou moins qui est qui. Il existe un troisième œil par lequel transite l'information. C'est par ce réseau que l'on sait qu'une des tribus touareg de l'ouest a un jour adopté un enfant étranger, un Français dont les parents ont été tués par des pirates. Ils l'ont gardé sous leur protection depuis des années. C'est aussi par la voix du désert qu'ils ont eu vent d'un transport d'armes en provenance de Russie et d'une tondeuse à gazon.

Puisque les informations circulent, je voudrais prévenir ma tribu que je suis sauf. Il y a le téléphone du père, mais pour le faire sonner à distance, il faut connaître un numéro que j'ignore.

Nazim parle beaucoup mais m'écoute volontiers, il répond à mes questions et se montre curieux de ce que je dis. Un soir où il est assis près d'un feu, je lui apporte un gros scorpion que j'ai capturé dans la journée. Je sais le tenir sans me faire piquer et je vois qu'il en a peur. Je lui explique que le scorpion a quatre paires d'yeux, qu'il peut rester à jeun pendant plusieurs années et survivre au feu. Je dépose la bête sur un morceau de bois que je place au milieu du brasier. L'animal part à droite sur son refuge encore intact, atteint une extrémité et fait demi-tour face aux flammes. Il s'élance de l'autre côté où il est confronté au même danger. Prisonnier, il panique, tourne un peu sur lui-même, lance son dard de tous côtés, puis finalement renonce et, comme s'il s'était piqué lui-même, s'effondre et ne bouge plus. Juste avant que le bois ne s'embrase complètement, je saisis le scorpion mort et le pose près de nous dans le sable. Au bout d'un moment, le scorpion se remet en mouvement, et puis il disparaît en creusant le sol.

Nazim acquiesce d'un hochement de tête. L'islam est comme ce scorpion, dit-il. On le dit ressuscité mais il n'était pas mort. Et puis après un long silence, il poursuit :

– Face au feu, ton scorpion a trouvé la ressource en lui pour survivre. La faim, par exemple, que tu viens de connaître, peut s'éteindre par le jeûne et permet de mieux voyager vers la maison d'Allah.

Je l'écoute. S'il avait connu ce que je viens de connaître, crevé de chaud et de soif comme je l'étais, il aurait renoncé avant d'arriver à la maison d'Allah !

Je l'écoute encore car, chez lui, une idée fait naître une autre idée. C'est sans fin. Il pense comme on marche, ne s'arrête jamais :

– Aujourd'hui, Dieu nous dit de faire la guerre aux infidèles et aux fausses valeurs déconnectées de la réalité. Ce n'est pas normal, à chaque fois qu'un désir apparaît, de pouvoir l'assouvir sans même savoir d'où il provient…

Et le lendemain encore, alors qu'on est appuyés sur le capot d'une Toyota et que deux avions de chasse passent au-dessus de nous. Ils volent très près du sol. Ils ne sont pas venus ici par hasard.

– Les Blancs, me dit-il, ils peuvent avoir du kérosène pour leurs avions, des terres rares, des armées, mais bientôt, ils vendront leur mère pour avoir de l'eau. L'eau a davantage de valeur que l’or. L’eau permet de vivre, l’or non. Notre revanche a commencé.

– La revanche de quoi ?

– De tout ce que les infidèles nous ont fait.

– Youssef, ce n’était pas un infidèle !

– Il nous a tiré dessus. On n’a pas eu le choix. On a riposté et par malheur une balle l’a touché. On voulait juste prendre la marchandise. Les deux autres sont repartis, on leur a même laissé deux chameaux et des vivres. C’est une tristesse pour nous aussi, un grand malheur que Dieu a voulu, mais c’est ainsi.

– C’est Dieu qui vous a dit de partir à ma recherche ensuite ?

– Non, ce sont les deux autres hommes. Ils nous ont dit que tu étais égaré, qu’ils t’avaient cherché longtemps sans parvenir à te retrouver, mais ce n’est pas seulement toi qu’on est allés chercher, c’est ce chameau qui s’est enfui quand on a attaqué.

Nazim est content de m’avoir récupéré et aussi d’avoir mis la main sur une belle réserve de fusils et de munitions qui était destinée à d’autres et que nous transportions, mais la plus belle prise est sans nul doute la tondeuse à gazon.

J’ai parfois du mal à comprendre Nazim, pas seulement à cause de la langue, mais à cause de mon ignorance. Je n’ai fréquenté qu’un environnement où chaque geste n’est pas seulement borné par le quotidien mais a été transmis de génération en génération pour répondre à la nécessité de simplement survivre. Même si parfois, le soir pour s'occuper, on se distrait à quelques récits ; même si on accorde des superstitions aux objets que l'on porte autour du cou, chez les Kel Tamajeq, l'essentiel l'emporte. Je ne connais que le désert et les camps de transhumance que l'on monte et démonte. Le dictionnaire d'images qui me montrait un peu du monde ne m'a pas appris celui de Nazim. Les images étaient indépendantes les unes des autres alors que dans la réalité elles sont reliées, certaines forment des idées que l'on ne peut pas représenter par un dessin. Il me parle de religion, de politique, de guerre sainte, de ce qui est immense et existe en dehors du désert immense. Nazim a déjà vu des bateaux, des petits, des grands, il est même monté dessus, il a traversé des mers. Il a pris l'avion aussi. Il a vécu partout, a été à l'école en France. Il a appris à démonter un fusil en Libye, a acheté des voitures d'un côté du désert pour les revendre de l'autre côté du désert. Il me dit que Dieu est venu le chercher et l'a sauvé, qu'il fréquentait des amis mais que ce n'étaient pas de bons amis. Grâce à sa rencontre avec Mahomet, il a pu changer d'amis, avoir comme moi maintenant de bons et vrais amis. Il insiste sur ce mot d'amis. Il sait toutes les choses de mon encyclopédie et toutes celles qui n'y sont pas, me dit qu'il est mon ami mais je ne sais pas de quelle amitié il s'agit. Il a une barbe qu'il caresse souvent et ne coupe jamais. Je l'écoute avec intérêt même si j'ai un peu de mal quand il part en toupie avec ses histoires de reconquête. S'il déteste l'autre monde, celui du mal, j'aime bien sa façon de me dire de quoi il est fait. À défaut d'accéder à d'autres vérités, je crois à la sienne. Elle me plaît car les Kel Tamajeq eux-mêmes m'ont inculqué la méfiance de cet autre monde ; ils me gardaient près d'eux pour m'en protéger. C'est le monde de Davos, me dit Nazim.

– C'est qui Davos ? je demande.

– C'est le diable. Davos, ce sont les fausses adorations, la recherche permanente du plaisir au détriment du bien-être, les crimes, la drogue, le spectacle, la consommation d'objets plutôt que la consommation du savoir, le plaisir au lieu du bien-être. C'est ce qui perpétue le désordre du monde dans le dos du Prophète. En Algérie, aujourd'hui, les gens ne peuvent pas payer leur loyer pendant que des influenceuses, des gamines de vingt ans, dépensent en une fois le montant d'un mois de salaire dans des boutiques de luxe. Sur la Côte d'Azur, j'ai vu des femmes qui étaient des mères danser sur des tables en buvant de l'alcool qui pétillait dans des grands verres. Elles montraient leurs seins.

– J'aimerais bien voir des femmes qui dansent avec leurs seins qui…

– Tais-toi. Tu ne sais pas de quoi tu parles, crains Dieu et lave ta bouche avec du sable. Davos, c'est ce qu'ils appellent la liberté et qu'on nomme décadence. C'est l'ancienne civilisation qui s'écroule comme un château de cartes et sur laquelle nous tous, toi, eux et moi (il pointe du doigt), on va bâtir la nouvelle. Leur démocratie, c'est ça…

Là-dessus, il crache. Pas le crachat habituel et purificateur, non, un crachat de dégoût. Alors, la démocratie, à moi non plus ça ne me dit rien qui vaille. Je la vois avec des cornes et le regard séducteur, un truc dont il faut se méfier.

Nazim me montre des images sur son ordinateur (je découvre ces machines que je n'avais jamais vues en vrai et je suis aspiré par la magie qu'elles sont capables de produire). On y voit en bien mieux le Grand Tout du livre de mon enfance. C'est sensationnel car les images sont animées et sonores. Des avions foncent dans d'immenses et hautes tours, des flammes surgissent, des gens affolés courent, d'autres se jettent dans le vide. Les deux colonnes s'effondrent. Une gigantesque tempête de sable noir roule vers nous et recouvre tout. Il me montre d'autres images : une route en Irak filmée depuis le ciel. Des centaines de camions et d'engins militaires éventrés, carbonisés, sont versés sur le côté, des hommes morts sont étendus partout.

– C'est la route de Bassorah, en Irak. Ils ont tué nos frères avec leurs bombes.

Et puis d'autres images d'une ville détruite, tous les bâtiments sont effondrés, des véhicules hirsutes se frayent un chemin à travers les gravats. Le long des murs criblés d'impacts, des visages d'enfants crasseux et affligés ; un père qui porte un bébé mort et trempé de sang. Il n'y a pas de son, mais…

– C'est Raqqa, en Syrie. Les Américains y ont déversé des milliers de tonnes de bombes pour anéantir la population. Un des pires bombardements de toute l'histoire des guerres.

Le regard de Nazim peut être très doux mais il peut se transformer en pierre, surtout quand il regarde des images comme celles-ci. C'est le même noir que Nora, mais un noir d'où l'amour est absent. Dans ces moments-là, je ne sais pas comment je dois être avec lui. Il peut être un refuge comme donner parfois l'impression qu'il a envie de me tuer. Quand il n'oscille pas entre le calme et la tempête, c'est qu'il est en train de prier. Alors, il récite des sourates avec une voix d'enfant, s'incline au sol qu'il embrasse. Et puis sitôt remis debout, il vocifère et harangue ses hommes avant de vider un chargeur de fusil mitrailleur vers le ciel et que tous l'acclament. Je ne comprends pas pourquoi ils s'exaltent de la sorte alors je reste discret et ne manifeste rien. Je ne comprends rien non plus à leurs prières ; je reste dans mon coin. Je voudrais vraiment retrouver la tribu mais quand je demande à Nazim ce qu'ils comptent faire de moi, il me répond qu'il a un projet parce que selon lui dans une sentence du Prophète il est dit que Dieu enverrait tous les cent ans un homme pour revivifier la foi. Pas de chance pour moi, il croit dur comme fer que je suis celui-là.

– C'est pour ça que vous m'avez recherché ?

– Ce qu'on veut, c'est aider les musulmans opprimés. Toi, tu n'es pas un infidèle comme les autres, tu es une âme pure, une argile à façonner. Et quand tu seras prêt, tu pourras faire ton khalifat, être le lieutenant de Dieu sur la terre. Tu as déjà de nouveaux amis.

– Euh… je n'ai pas tellement envie d'être le lieutenant de Dieu. Je peux me contenter juste des nouveaux amis ?

– Le désert que tu vois (il fait un geste de démonstration) est grand, mais Allah est plus grand encore. Il décide pour toi, car il sait reconnaître les vertueux. Tu n'es qu'au début de ta transformation. Ce n'est pas seulement nous qui t'avons sauvé, c'est Dieu. Comme Mahomet, tu as été orphelin très jeune. Tu dois entendre la révélation : « Ceux qui meurent dans le sentier d'Allah sont vivants. »

Son charabia ne me dit rien qui vaille. Il a sûrement raison mais la démocratie, la révélation, la colonisation de l'Afrique, Davos, Mahomet, tout ça me dépasse. Pour ce qui est de la religion, les Kel Tamajeq, les miens, se contentaient de baragouiner deux ou trois sentences, de s'incliner vers l'est vite fait et hop, c'était réglé. Ici, c'est plus compliqué. Il me manque les mots pour préciser ce qui est de l'ordre de la religion de ce qui est de celui de la superstition, mais je distingue l'une de l'autre. Je viens sans doute de grandir davantage en quelques jours que pendant toutes mes années de vie. Il a suffi d'une expérience de soif et d'isolement, d'une coupure possible avec l'avenir pour me faire vieillir et changer irrémédiablement. Non pas passer de l'enfance à l'âge adulte (c'est quoi l'enfance ?) mais d'un monde circonscrit par les limites d'un camp à un autre, immense, fait de villes, de frontières, de pétrole, de guerres ou de religions et d'un Dieu qui décide de tout. En faisant souffrir mon corps et mon esprit plus que de raison, ils se sont sans doute ratatinés et même si je ne me sens pas plus petit, le monde s'est élargi et s'étale devant moi dans des dimensions que je ne soupçonnais pas.

Un de mes nouveaux amis a proposé d'échanger mes sandales contre les siennes, des baskets blanches, ce sont des Nike, argumente-t-il. Je ne me souviens pas d'avoir eu des chaussures fermées un jour et ça fait bizarre, on marche mieux, mais le sable qui rentre dedans n'en ressort pas et avant de les enfiler, il faut faire attention qu'un scorpion n'y a pas élu domicile. Je crois que je me suis fait avoir. En plus je ne sais pas faire les lacets. Ce même gars (il faut dire « un frère ») a étalé une carte sur un capot de voiture, j'en profite. Il me montre où on est : à Taoudeni, dans le Tanezrouft, la vallée des gazelles. Les gazelles sont parties il y a bien longtemps et le village le plus proche est à une centaine de kilomètres. Il y a une piste qui nous relie à Tombouctou, à huit cents kilomètres d'ici, et les caravanes de sel qui s'y rendaient autrefois mettaient vingt jours pour y parvenir. En voiture désormais, il faut compter trois jours. Pour retourner d'où je viens, en haut de la carte, là où il n'y a ni villes ni routes, il faut retraverser des zones sableuses qu'aucun véhicule ne peut franchir. Il me faudrait un chameau, un guide, de l'eau, des vivres, au moins une boussole…

L'avantage de ne pas savoir qui on est vraiment, c'est d'être curieux de tout. Malgré les cinquante degrés de température qui rendent l'air épais comme une fourrure, je m'éloigne du camp. Je vais jusqu'à ce vieux fort en ruine, longe ce qui fut un bagne désormais abandonné et me dirige vers la mine de sel qui a fait que cet endroit a existé en tant que ville, a vécu et vit sous une autre forme désormais. Je croise toutes sortes de résidus d'une occupation ancienne : des réservoirs cuits par le soleil, des poutres d'acier tordues, des bidons troués, des bâtisses effondrées, des carcasses indéfinissables d'occupation humaine ou d'animaux morts et, parmi les objets abandonnés, une voiture contre le flanc de laquelle le sable soufflé par le vent a formé une dune. La peinture en est décapée et la tôle d'aluminium à nu brille au soleil. Le caoutchouc des pneumatiques est fendu de crevasses, les portes sont dégondées, le capot béant abrite une mécanique partiellement démontée. Le sable a aussi pénétré et rongé l'habitacle, le vent en a fait de petits tas ici et là. Ce squelette m'attire. Je tourne autour. Je monte dedans, m'assieds au volant. Sa solitude m'intrigue sans que je sache pourquoi. Il semble un vaisseau venu d'une autre planète, abandonné sur terre par ses passagers repartis dans leur monde. Tandis que j'en fais le tour, des hommes qui vivent ici mais qu'on ne côtoie pas me regardent d'un peu plus loin. Ils semblent pacifiques. Je vais vers eux et ils m'offrent spontanément à boire l'eau de leur puits. Elle est tellement salée que ma langue brûle. Il y a des millions d'années, la mer s'étalait ici et il n'y a plus rien. Je suis bien le seul à leur rendre visite. Ils viennent du sud du Sahara et creusent dans le sable pour extraire des plaques de sel. La mine pour laquelle ils travaillaient a fermé et ils continuent à l'exploiter pour leur compte avec les moyens du bord, des pelles, des pioches, des barres à mine. Ils découpent à la main de grandes plaques cristallines qu'ils chargent sur un vieux camion. Quand la benne est pleine, ils s'en vont les livrer à Tombouctou. Ils font vivre leur famille et quand ils n'ont plus d'argent, ils reviennent travailler ici, flanqués de leurs drôles de voisins qu'ils ignorent avec une application réciproque.

Je traîne mes savates dans le camp, j'ai supprimé les lacets de mes Nike et j'ai écrasé le talon, ça fait comme des babouches. Quand je ne me promène pas, je m'occupe. J'apprends à tirer au fusil-mitrailleur, à le recharger, le nettoyer. Je le soupèse, je l'arme contre mon épaule. Je le pose devant moi sur une table où je le démonte. J'aime le claquement sec des éléments métalliques quand on les emmanche entre eux, l'usinage précis de l'acier et le parfum de la graisse qui sert à protéger les mécanismes. Il y a aussi le tir en lui-même, sa violence brute et immédiate, un bruit qui assomme le ciel, transperce le silence et offre un pouvoir indescriptible à celui qui actionne la détente.

J'apprends aussi à conduire les pick-up, à les extraire quand on s'est fourvoyé dans le fesh-fesh, un sable poudreux ; à les entretenir : il faut retirer l'huile des moteurs régulièrement et la reverser en la filtrant à travers un tissu. Je préfère les Isuzu aux Toyota, ils sont moins puissants mais ils grimpent plus fort dans les dunes et sont plus efficaces quand il s'agit de se sortir d'une zone sableuse. Je participe aux corvées d'eau, de repas. De temps en temps, pour faire comme les autres, je répète des choses en arabe et en récompense on me tend des pouces victorieux.

Nazim me laisse volontiers son ordinateur, il me fait visionner des vidéos dans lesquelles des hommes parlent de religion, de la société, des messages du Prophète. « Pour ta formation », il précise. Ils parlent calmement, avec beaucoup de tendresse, même quand ils évoquent des attentats où des gens se font exploser avec des ceintures. J'ai compris comment on pouvait changer de page alors quand Nazim s'éloigne, je regarde des images du monde sur YouTube. Je vois la France qui est, je le sais, le pays de mes parents. Je clique sur « Découvrez la France » ou sur « Eurovision, les chansons ». Tout m'intéresse, mais ce que je préfère c'est « Le monde de Jamy » et aussi les films avec des animaux. Ce faisant, je repère de plus en plus de mots écrits en français et je comprends comment ils se décodent. Je réapprends la langue de mes parents, ce qui était oral a aussi une forme écrite qui la fixe pour toujours. Je vois sur l'écran ce qui existe et que je n'ai jamais vu en vrai. Ce qui m'arrivait, ce qui m'entourait ne dépassait pas ce qui est nécessaire à la vie dans le désert, maintenant je l'analyse, et tout ce qui m'a conduit ici aujourd'hui se rassemble pour faire sens, de manière synthétique. J'apprends. Les cultures que je porte en moi, même si elles sont empreintes de sable, n'en font qu'une, qui fait fondation ; elles se renforcent à toutes ces nouveautés. J'abreuve une autre soif, la soif d'apprendre.

Un jour, Nazim est entré dans une grande colère. J'avais trouvé un site qui proposait des films avec des couples qui s'embrassaient. Je trouvais ça intéressant. « C'est péché ! C'est haram ! il a crié. Tu ne te rends pas compte ? » Il a saisi l'ordinateur, en a rabattu le capot avec colère et m'a dit que c'était terminé, que plus jamais je ne pourrais m'en servir.

– Promis, je ne regarderai que des chansons.

– Ni musique, ni alcool, ni femme. Tu comprends ? C'est haram. Interdit !

Non, je ne comprends pas. Pourtant, c'est à partir de ce jour qu'ils se sont résolus à accélérer ce qu'il était convenu d'appeler « ma formation » et qu'ils ont répété devant moi à tour de rôle le discours entendu en boucle sur les vidéos : « Parce qu'on s'est éloignés de la tradition et de la pureté, Dieu nous a abandonnés, alors il faut revenir aux fondamentaux de l'islam, devenir des compagnons et se fier à la parole délivrée par le Prophète, à la rigueur des premiers croyants. » Ils ont décidé que je ferai comme eux désormais et comme les Bédouins d'autrefois : prier cinq fois par jour, Fajr au lever du soleil, Dhohr au moment du zénith, Asr à la mi-journée, Maghrib au coucher du soleil et Icha, la prière de la nuit. Pour commencer, je dois réciter des phrases du Coran en arabe. Je dois répéter après eux des mots que je ne comprends pas en soignant ma diction. L'essentiel n'est pas de comprendre mais de s'imprégner, ils me disent. Ils me font un peu peur et je n'ai pas le choix, alors je m'imprègne.

Ils me font aussi savoir que ma main gauche est impure et que si je fais « tout bien », un jour j'aurai accès à la récompense : « Soixante-douze vierges dont la beauté dépasse toute imagination humaine ainsi que des ruisseaux de vin, des fruits et des jardins. »

– Ça te plairait ? ils me demandent.

– Oui. Il faut faire quoi pour mériter la récompense ?

– Il faut payer une dot.

– C'est cher ? On paye avec des chameaux ? Je peux l'échanger contre mes Nike ?

– Non, avec le sacrifice.

– Faut tuer les chameaux ?

– Non, il faut s'offrir soi-même à Dieu. C'est le sacrifice ultime, celui de l'épée. On ne meurt qu'une fois, alors tant qu'à faire, autant le faire pour Dieu, pour défendre notre religion et nos valeurs.

Ils ne rigolent pas du tout. Nazim a mis sa main sur mon épaule, il m'éloigne du groupe pour s'excuser de me forcer un peu, mais il insiste sur le fait que je dois accepter que le monde profane soit impur et qu'il est nécessaire que je me rapproche de Dieu et du monde sacré.

– Ce n'est pas seulement la question de croire ou de ne pas croire car Dieu est à l'origine de tout. Lilu, tu t'es beaucoup sacrifié pour vivre dans le désert, tu ne t'es jamais égaré dans les plaisirs et je sais que tu possèdes la paix en toi pour devenir le meilleur de nos martyrs.

– Mais si je ne sais pas si je crois en Dieu ou si je n'y crois pas et que je n'ai pas envie de mourir, il va se passer quoi ?

– Lilu, tu ne peux pas ne pas croire puisque c'est Dieu qui t'a créé. Il n'y a pas d'autre vérité, il est le créateur de tout. Que tu le veuilles ou non. Si on te le demande, ce n'est pas seulement parce qu'on est musulmans, c'est parce qu'on est pauvres, bafoués, dominés, méprisés. L'heure n'est plus à trouver de nouvelles armes, mais à se battre. Tu dois rejoindre le combat. Tu es des nôtres. Pour comprendre la guerre que l'on mène, ce n'est pas seulement le Coran qu'il faut connaître, c'est l'histoire des colonisations.

Je comprends que dalle à tout ça. On est loin du groupe, on marche et Nazim me tient par la main. Il me tient aussi par l'esprit. Tout y passe :

– Tu connais Byzance ? Tout s'est joué à Byzance. Tu connais La Mecque ? Tu connais si peu de choses. C'est là qu'est né le Prophète en 570. Il est né, on l'attendait, partout, à Byzance, à Damas, à Palmyre. Il n'a pas eu besoin de décimer des gens pour que l'on croie en lui. Il est bon. Nous sommes bons. Tu es bon.

Et puis, le bras autour de mon épaule, Nazim m'appelle « frère » et m'explique enfin le projet qu'il a pour moi :

– Un des cousins du sultan d'une région du Niger a fait allégeance aux Occidentaux. Il leur a offert sa mine d'uranium et a sacrifié la santé de son peuple. En échange, il vit dans une villa luxueuse avec l'air climatisé, des salles de bains et des écrans de télévision.

– C'est quoi l'uranium ? je demande.

– L'uranium, c'est dangereux, les Européens en ont besoin pour leurs centrales nucléaires. Quand on l'extrait du sol, des produits radioactifs se dispersent dans l'air, dans les eaux, dans la chaîne alimentaire. C'est une pollution qui ne disparaît jamais. Attends, je n'ai pas fini : la mine va fermer, sans travail le peuple va mourir de faim, mais il s'en fout. Il a poussé l'affront jusqu'à semer du gazon devant son palace. Il a fait venir de la terre spéciale et l'arrose en gaspillant l'eau des puits. Le gazon a poussé et ça fait des mois qu'il attend cette tondeuse à gazon que tes Touaregs devaient lui livrer. En attendant, son jardinier utilise une cisaille et arpente la pelouse à quatre pattes pour raccourcir l'herbe. Même pas l'idée de laisser une chèvre brouter. Tous les ans, il organise un grand méchoui où il réunit tout le gotha des infidèles blancs et noirs qui s'est coalisé avec lui. Tu es d'accord que c'est mal ?

– Oui.

– On a un plan. On va gaver le panier de la tondeuse avec de la dynamite. Le déclencheur sera dans le moteur. C'est toi qui vas livrer la machine. On va faire converger la livraison et la fête. Tu vas proposer de tondre le gazon en présence des invités. Il est si fier de son jardin, il adore tellement les démons et la décadence qu'il va kiffer l'idée.

– Mais ? Il va se passer quoi avec la tondeuse ?

– Je t'ai déjà expliqué : les soixante-douze vierges. Tu viens de dire que tu étais d'accord.

– Pour exploser ? Pourquoi moi ?

– Tu es blanc.

– Et toi aussi, tu es blanc !

– Oui, mais je suis connu. On me recherche. C'est truffé de militaires, là-bas. On ne me laissera pas arriver jusqu'au palais. Je ne vais même pas pouvoir entrer en ville. Tu es un combattant maintenant, on a besoin de toi. Tu vas réaliser ton destin, Lilu ! C'est ta chance.

La trahison, ce n'est pas seulement échanger des baskets Nike contre des sandales. C'est une arme que je découvre aussi et qui est parfois nécessaire pour sauver sa peau. Il va falloir que je l'utilise.

Chapitre 6

On vient de terminer la prière. Les hommes se sont regroupés, visages tannés par le soleil, mains huileuses, vêtements sombres. Une troupe, fluctuante et bigarrée, mais resserrée. Beaucoup fument du kif, mâchent du tabac et crachent. Nazim est monté sur un bidon d'essence. Il déclame :

– Mes frères, quand l'islam est menacé, il se défend. On est venus ici pour ça. À partir du jour où le Prophète a parlé, l'islam s'est répandu de l'Espagne jusqu'aux Indes sans violence, pas comme les catholiques avec leurs croisades. Mes frères, je vous le dis, les pires catastrophes ont été causées par des fanatiques qui ne croyaient en rien : Staline, Hitler, Pol Pot... Alors, oui, Allahu Akbar ! Dieu est grand. Il nous dit de suivre le chemin du djihad. Les Occidentaux ne veulent pas seulement qu'on leur ressemble, qu'on boive leurs boissons sucrées, qu'on adore leurs dieux télévisuels, leurs voitures, leurs marchandises ! Ils veulent qu'on leur obéisse. La réponse est non.

Du temps où il était encore Yohann, Nazim a vécu dans une cité (il m'a dit qu'une cité, c'est un endroit tout en hauteur, les gens sont empilés dans des boîtes les unes sur les autres, on les abandonne là sans occupation, sans travail, sans espoir), il explique que plutôt que d'aider les jeunes à grandir, et les musulmans en particulier, on les désigne comme coupables, comme les plastiques usagés dont on ne sait plus que faire et qui salissent les océans, on les a utilisés et on les traite comme des déchets. C'est pour ça qu'il est venu ici. Maintenant, il vit en permanence dans le souffle chaud d'une déflagration. Perché sur son bidon avec la chaleur tout autour et partout, le vent soulève les pans de son vêtement, la sueur perle sur son visage et sa voix est cassée, sincère. Il termine en pointant l'auditoire :

– Notre islamisation, ce n'est pas dans l'islam qu'il faut la chercher, c'est dans la manière dont on nous traite !

– ALLAHU AKBAR ! répondent les hommes en un cri.

– Allahu Akbar ? je crie aussi, sous la forme d'une question.

Ensuite, tous se dispersent et tirent des rafales en l'air. À force de l'entendre, et à défaut d'en entendre d'autres, ni même de le souhaiter, ses idées sont souveraines auprès des hommes du groupe. Ils disent qu'il « vaut mieux être des salauds plutôt que des cons ». Ils parlent en tenant le fusil-mitrailleur en l'air. Ils se tapent dans les mains et se lancent pour une virée en voiture et en moto. Je ne suis pas énervé, je ne suis pas religieux, mais je les accompagne. Je monte dans la benne d'un pick-up, on fonce sur toute la largeur de la piste, on se double vitres ouvertes en se laissant enivrer par le vent. Ils rient, s'apostrophent d'un véhicule à l'autre ou frappent la tôle des portières du plat de la main pour aller plus vite. Nazim a dit de ne pas gâcher les munitions, mais personne ne contrôle plus personne et dans ces moments-là, pour exulter, il faut crier plus fort que les armes. Faire voler la poussière et rugir les moteurs, faire cracher les kalachs en hurlant avec elles. « Le kif ! » C'est un mot arabe. « On a tout inventé ! » s'exclame un moudjahid.

– C'est cool, il ajoute en me regardant, pouce tendu.

– Ça veut dire quoi « cool » ?

– Rien, ta gueule, oublie, c'est de l'anglais. On ne parle pas l'anglais.

Si la lutte est légitime pour survivre dans les déserts, dans les jungles et dans les villes, si on a tous de bonnes raisons de dire ce qu'on dit, de penser ce qu'on pense et d'agir comme on agit, ça ne justifie pas que je finisse en martyr. Je ne sais pas si j'ai peur d'eux, si je suis sous influence, si je fais semblant ou si j'aime, alors ma coopération n'est que de façade. En secret, dans ma tête, j'échafaude un plan et tant pis si je trahis la cause. Je ne vais tuer personne et je ne vais pas mourir. Les soixante-douze vierges, je les laisse à d'autres.

– Tu livres, tu déclenches. Paf ! Plus rien.

J'acquiesce mais je ne vais rien faire de tout ça. Et puis surtout, j'ai découvert quelque chose. À force de retourner voir la voiture que le sable ronge lentement près de l'ancienne mine de sel ; à force de me laisser pénétrer par le mystère de son érosion, j'ai perçu ce qui m'attirait en elle : j'en suis certain, il s'agit du Land Rover de mes parents. Quand je m'assieds à son bord, quand je tourne autour de la carrosserie d'aluminium polie en laissant traîner un doigt dessus, que j'inspire fort ses odeurs, je perçois de manière charnelle l'ambiance de cette épave ; à la manière dont les fenêtres coulissent ou au bruit que font les portières, je renoue avec une matrice d'acier qui a fait de moi un enfant d'ailleurs, échoué ici, contraint dc poursuivre sa route sans mémoire. Ni Touareg, ni Africain, ni Arabe, ni Bédouin, ni rien de tout ça, juste un gosse à l'histoire lézardée, coupé de ses racines. Je suis qui je suis, je suis Lilu. Je ne connais rien à l'Occident, à l'histoire des civilisations. Par le principe de la filiation et parce que j'aime finalement ces parents invisibles et dont j'ai oublié jusqu'au son de la voix et la chaleur des étreintes, je vivrai comme ils l'auraient voulu pour moi. Leur message, c'était la liberté, la lumière de l'aube dans le Sahara et ce sentiment d'affection inaltérable que je perçois de plus en plus. Ce qui importe maintenant, c'est de ne pas aller me fourvoyer dans des histoires de bombes à tout faire péter et dans des conflits qui ne m'appartiennent pas. La violence n'est pas de mon monde, j'ai déjà payé.

Le vent du désert soulève le sable et grignote la tôle, mais il n'érode pas tout à fait la mémoire, il la recouvre simplement. Il suffit de soulever la couche de surface pour accéder à ce qui s'est passé. À force de le questionner, un Malien de la mine de sel qui parle un peu le français s'informe auprès des anciens, de ceux qui étaient salariés ici du temps où l'entreprise était prospère. Il rapporte des informations : la voiture aurait été récupérée sur une ancienne piste il y a tout ça (il me montre tous ses doigts). Les hommes qui la conduisaient sont morts de soif. Ils sont tombés en panne et, se sachant pas loin d'un puits, ils sont partis à pied et se sont perdus. Et quand enfin ils sont arrivés à un point d'eau, la bouche écumante, ils avaient perdu la raison et n'ont eu ni l'idée ni la force de boire. Personne n'a prié pour eux, c'étaient des pirates, ils écumaient le désert pour dépouiller les voyageurs selon l'esprit et la loi ancestrale du rezzou que pratiquent de tous temps les habitants des sables : « Ce que tu peux avoir pour toi, ne le laisse pas aux autres. » Leurs corps ont été emportés et abandonnés dans les dunes sûrement par d'autres individus à peine plus respectables. La voiture a été tractée jusqu'ici, avant d'être oubliée, faute d'avoir pu être réparée.

– Et la voiture, elle était à qui avant ? je demande. Ils l'avaient volée ?

– On ne sait pas. Elle appartenait à des riches, des Américains peut-être, des voyageurs, des cadres des mines d'uranium, le Paris-Dakar ?

Les mineurs ont les yeux rouges et parlent entre eux une langue que je ne comprends pas mais où jaillit parfois des mots en français. Ils sont calmes, comme le décor autour d'eux. Ils ne sont en guerre contre personne et je me sens bien ici pour cette raison. J'y retrouve la paix qui règne au sein de ma tribu. Mano est l'un d'eux, il verse du thé bouillant dans des verres disposés sur un plateau de cuivre ciselé. Je prends le verre en le tenant avec un doigt sur le rebord et un autre en dessous, seul moyen de le tenir sans se brûler. Il approuve ma méthode, présente le plateau à mon voisin. La chaleur oblige à boire très chaud. J'ai l'impression qu'ils savent qui je suis, connaissent mon histoire, mais ne me disent pas tout. J'ai dévissé une petite plaque avec un numéro et une date de fabrication qui était fixée sur le carter et je m'en suis fait un pendentif. Si c'est bien la voiture de mes parents, c'est mon seul héritage. Il est sanglant et explique d'où vient ma capacité à faire semblant d'aimer les armes, il se peut que je les aime pour de vrai.

J'ai convaincu Nazim de réparer la voiture. Il ne pose pas de questions car tout ce qui peut occuper les hommes va dans le bon sens. Le pire, selon lui, c'est le désœuvrement, « un puits où les démons viennent s'abreuver ». Alors, on va chercher le Land Rover, on le dégage de sa gangue de sable et on le tire jusqu'à notre camp. Ensuite, on lui trouve des pneus, on démonte, on ressoude et on retape ce qui peut être retapé avec les outils dont on dispose.

Il y a toutes les compétences dans l'équipe, et la panne principale, la dissociation de l'arbre de transmission primaire qui fait le lien entre le moteur et la boîte de vitesses, est vite identifiée. Il faut déposer tout le groupe propulseur, démonter l'arbre, le remettre dans l'axe et tout remonter. Je participe. J'apprends des tours de main. Un jour où je suis glissé dessous pour retendre un câble, dans la pénombre ceinturée d'une lumière zénithale qui tombe à la verticale de la carrosserie, je suis renvoyé à un souvenir occulté. Je pose mon outil, je me mets sur le ventre et reste longtemps appuyé sur les coudes à observer le monde tel qu'on le voit d'ici, un monde amputé du ciel mais pas de sa lumière, le monde tel que les animaux enfouis sous les pierres le voient. Ce n'est pas le monde vécu, c'est le monde observé. On ne distingue que le bas des jambes de ceux qui s'affairent et si on entend leurs voix, on ne sait pas qui parle. Pour sauver sa peau, il faut peut-être faire ainsi, ne se mêler de rien, ne rien dire, laisser faire et rester planqué dans la pénombre. À bien y réfléchir, c'est ainsi que vivent les Kel Tamajeq qui m'ont recueilli, c'est aussi comme ça que j'ai survécu jusqu'à eux.

On avance dans l'automne. Les jours passent et le travail sur la voiture se poursuit. Un jour enfin, le moteur a retrouvé des durites, une batterie, et tout a été graissé. Elle fonctionne. La date de mon départ est fixée à dans trois jours et les nuits qui suivent seront agitées. Je dors mal, je doute de réussir, qu'ils soupçonnent ma trahison et m'empêchent de partir. Dans cet endroit à l'opposé du monde, où personne ne s'aventure et où règnent les températures les plus chaudes de la terre, les nuits deviennent fraîches. Quand je vivais chez les Touaregs, l'hiver était si vif qu'il empêchait parfois les chameaux de dormir. Ils criaient leur douleur jusqu'au lever du soleil et ne se calmaient que sous ses premières ardeurs.

Le matin où je dois m'en aller, il fait froid. Bien avant l'heure du réveil que signale l'appel à la prière, je n'ai plus sommeil. Je sors de ma tente et m'avance dans le camp sous un ciel encore constellé. Debout, une couverture sur les épaules, je regarde l'obscurité et les étoiles. Le désert est habité d'une paix solide. Nazim me rejoint. Je l'entends venir derrière moi, mais je ne réagis pas. Ce n'est plus à moi de poser des questions :

– Qu'est-ce que tu regardes ? me demande-t-il.

– La beauté.

Nous restons contemplatifs. Et puis, tout à coup, un bruit de tambour. Le froid a fait se détacher des masses de sable du sommet d'une dune et le frottement des grains les uns contre les autres s'est propagé jusqu'à nous dans le grand silence de la nuit saharienne. C'est Roul, l'esprit des sables, le maître du désert.

– Tu entends ce bruit ? me dit-il. C'est le sable qui roule.

– Quand j'étais petit, je parlais avec le sable, je lui dis.

– Quand tu seras à Tombouctou, tu verras : le sable de la ville est sale par rapport à celui du désert.

– Ne me dis plus ce que je dois voir ou faire, s'il te plaît.

– D'accord. Je comprends. Tout est prêt. Tu es prêt ?

– Ne me pose plus de question non plus.

– D'accord. Je te laisse. C'est bien. Tu es prêt alors.

La tondeuse à gazon, chargée d'un composant explosif, a été remise dans son carton, chargée et sanglée à l'arrière du Land Rover. Je n'ai pas l'âge de conduire, encore moins le permis, mais j'ai passé la plus grande partie de ma vie dans une société d'hommes pour lesquels les étapes qui scandent la vie ne sont pas des frontières fermées. Peu importe l'âge, si je peux conduire, alors je conduis : la notion de limite n'existe pas en langue touareg, ce sont les besoins des hommes et ceux des bêtes qui dictent tout. Quand un enfant se met à faire ce que les adultes font, c'est qu'il en a l'envie, ou la force. Je comprendrai plus tard que les lisières qui sont imposées aux Touaregs n'existent que sur des cartes de géographie qu'ils ne possèdent pas. C'est pareil pour les identités, elles figurent sur des documents dont ils ne disposent pas. Quant à l'histoire de leur peuple, elle a été écrite par d'autres. Et le Coran, rédigé en arabe, n'a jamais été traduit dans leur langue. Ils s'en fichent, de toute façon, la plupart ne sait pas lire.

Pour déclencher la bombe, il faudra tirer la ficelle du démarreur. L'électricité de la bobine qui alimente la bougie du moteur servira de détonateur. J'emporte un rouleau de cinq cents mètres d'une solide cordelette de nylon, elle est prévue pour renforcer l'ancrage des tentes en cas de tempête et à différents usages que j'ignore mais celui que je lui prévois ne plairait à personne, alors je l'ai volée. Je la dissimule sous la banquette du Land Rover. C'est moi qui ai décidé de partir avec cette voiture. Je dis « ma voiture ». Je prétexte qu'elle m'a déjà sauvé la vie une fois, qu'elle est habitée de superstitions favorables, alors que je pense tout le contraire. Elle est surtout habitée par l'idée de la mort et si je dois disparaître, ça sera avec elle.

Dès que la lumière est suffisante, un comité m'entoure, ils sont là pour me faire leurs adieux. Nazim est au centre.

– Pas un mot, je le préviens.

Il consent, prend une grande inspiration comme pour souffler une bougie, et ferme les yeux. Il me tend un GPS et un téléphone satellite, qu'on appelle par sa marque, un Thuraya. Le même que celui du père de Nora.

– C'est un XT-PRO. On pourra te géolocaliser. Tu ne le coupes pas, tu n'appelles pas sauf si tu es en galère sur la route. Garde-le sur toi. Il tient une semaine en mode veille. Quand ce sera fait, il n'émettra plus de signal : on saura. Salam aleykoum, Lilu, et à la grâce de Dieu. Va, frère…

Bien sûr que j'y vais. J'emporte aussi de l'eau, beaucoup. De l'essence. De la nourriture, et même de l'argent qu'ils m'ont donné pour mes menues dépenses. J'ai repris mes vêtements touaregs et j'ai réussi à échanger de nouveau les baskets contre des sandales. J'ai ajouté à mon équipement une paire de lunettes de soleil et mon médaillon plaque signalétique de voiture qui me fait un pendentif. Après avoir survécu au désert assassin, m'être éloigné de ma tribu, avoir rencontré ces gens si différents qui superposent la complexité de leur monde à la simplicité du mien, je suis passé de la candeur à la méfiance en quelques semaines. Je pense à Nora souvent, à la possibilité d'une vie de sable, au silence des espaces brûlants, à sa peau parfumée, dorée comme une galette de mil, à son regard brûlant sur moi, à ses lèvres humides et douces sur mes lèvres sèches. Je vais me servir de cette maudite tondeuse à gazon et je vais tout faire disparaître, moi y compris, non pas comme ils l'entendent mais comme je l'ai appris du scorpion. À cet instant, j'ai le sentiment enfin de pousser le temps en avant, comme on lance un vieux pneu du haut d'une dune pour partir à sa suite en courant, et m'enfuir ailleurs.

Les hommes du camp me promettent de jeûner pour m'accompagner et tous me félicitent en me serrant la main longuement ou en me prenant dans leurs bras pour me dire adieu. La cérémonie est silencieuse, difficile pour eux car ils croient en moi ; difficile pour moi car si je vais les trahir, je sais quelle valeur ils attribuent à leur combat. Hélas, leur guerre n'est pas la mienne. Je ne suis ni dans le camp de l'agresseur ni dans l'autre. On m'a appris à respecter la vie qui est si fragile que je suis incapable de supprimer à quiconque l'existence, pas même à une hyène. Mektoub, le destin, c'est moi qui le décide, grâce à Dieu si ça lui fait plaisir. Alors j'abrège la cérémonie, je monte dans la voiture et je claque la portière. Contact ! Faute de clé, pour faire vivre la machine il faut connecter deux fils sous le tableau de bord. Le démarreur grogne. J'insiste. Le montage produit quelques étincelles. Le moteur s'ébroue, semble vouloir partir, puis renonce. Un temps de pause et je recommence. Encore des étincelles au bout de mes doigts, enfin des claquements secs, une fumée blanche émerge de sous le capot et la mécanique prend vie. Le clac-clac du diesel se fait plus régulier. L'échappement n'est plus qu'un ersatz de ce qu'il fut et le reste du Land Rover est à l'avenant, mais il va m'y emmener. Je débraye et manœuvre le levier de vitesses avant de relâcher lentement la large pédale. La voiture s'anime, c'est parti. Je tiens ferme le large volant. Pour Tombouctou, c'est tout droit pendant huit cents kilomètres par la piste qui la relie à Taoudeni. Elle est si peu exploitée qu'on la distingue à peine. Des bidons d'essence remplis de sable ont été disposés régulièrement le long du parcours ; en principe, on peut naviguer à vue de l'un à l'autre, mais en principe seulement.

Je m'active sur le levier et les pédales pour faire atteindre à la voiture sa vitesse de croisière. Dans le rétroviseur qui vibre, à travers la poussière soulevée, le drapeau noir du camp hissé à la plus haute antenne s'estompe et disparaît. Nids-de-poule, ornières ou plaques de sable sont avalés en rythme et en secousses. Emportant de quoi faire sauter un palais, son mobilier et tous ses invités, j'espère que le produit est stable et ne réagit pas aux cahots. Qu'importe, je suis libre.

La position de conduite idéale, c'est le coude gauche au carreau et le pied droit sur l'accélérateur enfoncé à fond. Je maintiens la cadence. Je chante quelques bribes d'une chanson touareg, les paroles oubliées racontent l'histoire d'un roi qui voulait tuer tous ses sujets mais se fait berner par une fille. J'invente le texte tout en esquivant des obstacles à grandes embardées avant de me laisser mourir dans le sable en espérant que ça va passer. Jusqu'ici, ça passe. Je suis bien décidé à foncer à travers eux si des pirates de la route avaient pour idée de m'arrêter. Par le biais de secousses et de sensations que rien ne filtre, j'entre en communion avec les soubresauts de la route mais aussi avec mon père qui a assurément tenu ce même volant, qui a certainement pris plaisir à foncer à travers ces paysages. D'où il est désormais, il ne peut voir cet insecte dont les roues laissent longtemps en suspension la poussière qu'elles soulèvent ; pas plus qu'il ne peut connaître son fils devenu grand. De mon père, dont je n'ai quasiment aucun souvenir, sinon des cheveux blonds, un rire puissant et des bras qui me soulevaient du sol pour me lancer dans le ciel, il ne reste que cet objet animé. À travers lui, le temps d'une conduite, nous sommes la continuité l'un de l'autre, le père, le fils, à la poursuite de la vie, de la route, de l'avenir. Ce qui fait le voyage, c'est d'abord la destination. Une fois arrivé, il ne restera rien qu'un fauteuil vide, comme celui-ci, où était assise ma mère et ce tableau de bord vide et branlant qui lui servait de repose-pied.

Alors que le soleil atteint son zénith, je me garde bien de faire la prière de Dhohr mais je m'accorde une pause pendant laquelle, par précaution, je laisse le moteur tourner au ralenti. Son échappement parfume le désert et me donne l'illusion de déjeuner (un peu de viande séchée, quelques dattes, de l'eau) près d'un animal au repos. Je repars. J'atteins des passages plus caillouteux, sûrement d'anciennes vallées, où la piste est parfois difficile à repérer. Je m'écarte souvent et sans le GPS, je me serais déjà perdu dix fois. Quant à la chaleur, dès qu'on s'arrête, c'est un four. Ce n'est pas pour cette raison que je roule le plus possible mais c'est pour fuir au bout de cette terre que je sais immense, trouver d'autres hommes, des cartes, des vivres, une ville ou je ne sais pas quoi qui me permettra de repartir et rejoindre ma tribu, retrouver Nora. Mais avant cela, je vais me débarrasser de la bombe et disparaître. Sûr de mon coup, je pourrai ensuite retourner vivre sans querelle dans cet interstice du monde fait de sable et de tentes, où subsistent avec presque rien des hommes et leurs bêtes.

Avec la nuit qui vient, malgré le lancinant bruit du moteur, la pierraille qui gicle sous les roues et cogne contre le châssis, la route se fait aérienne, le sentiment de vitesse, la liberté nouvellement reprise me donnent l'illusion de survoler la piste, je bondis hors des creux, chevauche les ornières ou m'y laisse entraîner, assuré d'en sortir par l'élan accumulé et le désir d'avancer. Le chameau a besoin de temps pour venir au galop, mais rien ne l'arrête ensuite ;

il faut que l'horizon vire au rouge, que les blocs de rochers se teintent d'ocre et que j'en esquive un au dernier moment pour accepter de baisser la garde et couper le contact pour la nuit. Je bascule à l'arrière et m'allonge comme je peux en travers de ce qui reste de banquette. La dernière fois que j'ai dormi là, je n'avais pas plus de quatre ans et ce devait être pendant un voyage. Une main derrière la tête appuyée sur un baluchon, je regarde par les vitres ouvertes la nuit qui, comme chaque nuit, célèbre la beauté puissante du désert. Je me sens à l'unisson de ce paysage, je suis seul, je n'ai ni famille ni racines, mon passé est une épreuve et mon avenir est à construire, pourtant, je vais bien. Mon autre main retombe mollement sur le carton qui est dans le coffre et dans lequel la tondeuse est empaquetée. C'est ainsi que je m'endors, confiant et libre, dans cette voiture tombeau, à mi-chemin de la vie et de la mort, de Taoudeni où je suis passé et de Tombouctou où je me rends.

Dès que le jour le permet, je repasse derrière le volant et redémarre la machine. Je roule et ne m'arrête que pour faire des points entre le GPS et la carte, recharger le réservoir en carburant ou m'alimenter. La piste n'est qu'une ligne droite sans fin, tantôt recouverte de sable, tantôt bosselée et croûteuse. Elle disparaît souvent et puis se reforme. Parfois les ornières divergent mais c'est pour se recouper ensuite, les seuls écarts consistent à contourner de faibles reliefs. Je roule plein sud, mi-éveillé, mi-somnolent, peu importe que la route m'emporte, m'éloigne ou me ramène mais elle me berce. Est-ce une impression ? J'entends au fond de moi une comptine que ma mère chantait pour m'endormir. De-ci de-là apparaissent maintenant quelques végétaux, de petits arbres rabougris qui poussent loin les uns des autres, j'aperçois de rares oiseaux, rien d'autre. Je roule, je rêve, j'avance.

Encore une nuit et je repars. En fin d'après-midi, le GPS indique la distance qui reste à parcourir. Je suis à une vingtaine de kilomètres de Tombouctou et de la civilisation, je vais tout faire disparaître ici. Je m'éloigne de la piste et pars en diagonale dans le désert, je stoppe quelques kilomètres plus loin. Je prends ma réserve d'eau, un peu de nourriture, mon poignard, et j'abandonne tout le reste, les cartes, le GPS, le téléphone… et la voiture. Mais auparavant, j'ouvre le hayon arrière, éventre le carton de la tondeuse à gazon, et je relie la cordelette volée au camp à la ficelle du démarreur. Je repars à pied en direction de la piste en déroulant le fil. Arrivé au bout de la bobine, je regarde une dernière fois ce qui fut la voiture de mes parents, l'objet par lequel j'aurai été privé d'eux, pour y être relié de nouveau mais qui va terminer ici son existence terrestre. J'enroule le cordon sur mon poignet et, pour donner assez d'impulsion, j'effectue les derniers pas en courant. La cordelette vient en bout de course et, à l'instant où le mouvement active le détonateur, il se produit un tonnerre magnifique. Je me jette au sol et couvre ma tête de mes mains. Un souffle chaud, plus chaud que le vent chaud, vient sur moi. Je plaque mon chèche sur ma bouche et mon nez pour me protéger de la poussière. Une seconde passe. Après avoir animé la végétation rabougrie et fait cingler le sable, le bruit et la bourrasque qui m'ont traversé vont se perdre par-delà les dunes. Je me relève et contemple la tornade cendreuse suspendue à l'endroit où se tenait la voiture maintenant anéantie. Des fragments métalliques expulsés scintillent encore dans le ciel et retombent de part et d'autre d'un fantôme noir qui se déploie lentement dans la lumière. Ses contours s'épaississent encore et sa chaleur se confond à celle de l'air ambiant.

C'est fait. Tant pis pour les vierges et tant pis pour les combattants de Dieu. Ils penseront que j'ai préféré me faire sauter seul, ou bien ils penseront ce qu'ils veulent.

Je rejoins la piste à pied. Je prends le temps de renouer correctement mon chèche et de l'ajuster à la manière de ma tribu. Il faut maintenant gagner la ville où je chercherai un moyen de repartir vers les miens. Je marche, le regard porté sur l'avant, ma gourde sur l'épaule. Le fier Touareg qui sommeille en moi s'éveille désormais dès que ses sandales foulent le sable, marcher de l'avant est devenu mon but, mon tout. Le nomadisme a fini par être ma vraie nature. Deux heures plus tard, la piste laisse place à une route. C'est la première fois que je vois du goudron. Je tâte du bout du pied pour éprouver la surface, c'est collant et ça pue. Je préfère cheminer à côté de cette matière qui ne me dit rien qui vaille. Bien plus loin, un panneau est planté de guingois au milieu de rien : VILLE DE TOMBOUCTOU. Je tente un regard circulaire, de ville, point. Je me faisais une autre idée de ce qu'est une cité et je m'attendais à de grands murs derrière lesquels se dressent des tours d'habitation. Elles doivent être ailleurs. Je repars et, après quelques kilomètres, j'arrive à quelque chose qui ressemble à de la civilisation : des croisillons métalliques entravent la route et d'imposants véhicules tout-terrain surmontés d'une tourelle sont stationnés de part et d'autre. Ils sont blancs, marqués U.N., avec des roues très hautes. De quoi inciter ordinairement un Kel Tamajeq à faire demi-tour sans se montrer, mais l'heure n'est pas à la méfiance. À mon approche, des hommes en uniforme et portant des casques bleus estampillés des mêmes lettres surgissent des blindés et me font signe de m'arrêter à distance d'eux, de me débarrasser du poignard que je porte à la ceinture, de lever les bras, de m'allonger au sol et ne plus bouger. J'obéis. J'attends. Le soleil me cuit. Ils se tiennent à distance, armes pointées sur moi. Rien ne se passe jusqu'à ce que l'un d'entre eux n'apparaisse avec un chien tenu en laisse. Il le détache et le chien fond sur moi, me renifle et retourne d'où il est venu. Alors les hommes approchent. Ils sont casqués, gantés, portent un pistolet à la ceinture, un gilet pare-balles, une mitraillette braquée sur moi. Sur leur bras, un écusson aux couleurs bleue, blanche et rouge. Sur leur poitrine un insigne, je prends le temps de déchiffrer : TASK FORCE TAKUBA.

Je suis autorisé à me relever mais je dois garder les bras levés. Un soldat me palpe. Les autres se tiennent à distance et surveillent les alentours. Enfin, je peux baisser les bras.

– Tu parles français, tu comprends ce que je te dis ? me demande mon interlocuteur, avant d'ajouter : Tu as des papiers ?

– Des quoi ? je demande, en feignant la naïveté.

Voilà qui confirme que le monde est davantage organisé que je ne l'imaginais. Il y a des règles, des lois, des obligations, et les hommes ne s'y déplacent pas comme le font le vent, le sable, ni même les oiseaux.

Chapitre 7

Je n'irai pas à Tombouctou. Des émeutes populaires s'y déroulent et l'armée maintient une ceinture autour de la ville pour capturer les pillards qui s'enfuiraient ou empêcher des renforts d'assaillants venus d'ailleurs. Les émeutes, je ne sais pas ce que c'est et avec ma tenue de zonard des sables, je n'ai rien d'un assaillant. On me capture quand même.

Rassurés sur mes intentions mais interloqués par le fait que je n'aie pas de papiers, c'est-à-dire, pas de documents qui diraient qui je suis, où je suis né, quel âge j'ai, où j'habite, à quel peuple, pays ou territoire j'appartiens, les soldats sont pantois. Alors, je défais mon chèche et je montre mon visage d'Occidental et puis je raconte l'histoire, depuis que j'ai quitté le camp en Mauritanie, mon errance seul dans le désert, la mort d'un des miens, les rebelles de Taoudeni et ma fausse évasion.

– Une tondeuse à gazon ?

– Oui, mais je l'ai fait sauter un peu plus loin, et la voiture avec.

Un soldat soulève sa visière teintée, se gratte la tempe en repoussant son casque de côté. Il regarde au fond de mes yeux, mais il n'y voit pas grand-chose.

– C'était ça l'explosion qu'on a entendue, dit-il alors aux autres qui acquiescent mollement.

Alors, on me fait monter dans un drôle d'engin pour m'emmener « à la base ». Il faut me présenter au colonel.

La base, c'est un immense camp installé au milieu de nulle part et entouré de centaines de gros sacs empilés remplis de sable. Il y a bien de grandes tentes, des bâtiments préfabriqués, des citernes sur roues, de hautes antennes, des conteneurs d'acier ou d'énormes groupes électrogènes. Les hommes y vivent comme des nomades et là non plus, rien ne s'apparente à un campement d'éleveurs de chèvres. Le quartier général est au centre, un abri de toiles épaisses dont l'entrée est soulignée par un blason orné de deux sabres croisés. Là aussi, c'est écrit : TASK FORCE TAKUBA.

Pour le moment, rien ne se passe. Les deux soldats qui m'accompagnent me font comprendre qu'on ne bouge pas, on attend devant le ventail d'entrée. Alors, je reste planté là avec eux. Chacun est équipé d'un émetteur radio incorporé à son casque, les yeux protégés par un écran fumé. Ils portent un masque de protection sur le nez et la bouche, un pantalon, des bottes, un blouson. Ils crèvent de chaud.

Un autre soldat, en T-shirt celui-ci, est affalé sur une chaise à l'ombre, il lit un livre. Ils l'abordent :

– Salut l'intello, c'est toi qui surveilles l'entrée aujourd'hui ?

– Non, je suis en perm. Et puis, me pointant du menton : C'est quoi ?

– Un gamin, il est arrivé par le désert.

– Hum hum.

Une voix en guise de signal, on entre. Le colonel est là, dans l'ombre, assis derrière un bureau. Un appareil qui produit de l'air froid en vrombissant rafraîchit l'endroit. Des ordinateurs devant lesquels s'affairent d'autres hommes assis à d'autres bureaux témoignent d'une activité qui n'a rien de pastoral. Sur une grande table au milieu, une carte est dépliée.

Le colonel est en chemise, manches relevées. Des écussons et des médailles tapissent son habit et sa poitrine, des grigris sans doute. Il a le visage voilé par une sorte de petit rectangle bleu pâle, tenu par des élastiques derrière ses oreilles. Il a chaud. Il abaisse son masque qui reste suspendu sous son menton et s'essuie le visage à l'aide d'un petit papier mou qu'il tire d'une boîte.

Ceux qui m'ont amené ici me placent devant le bureau. L'un d'eux remet au colonel la plaque métallique qu'ils m'ont retirée du cou.

– Il n'avait que ça sur lui.

L'homme ajuste des lunettes sur son regard mauvais. Il lit la plaque à voix haute :

– ROVER Ltd. Solihull. Grande-Bretagne. Châssis numéro 526 2511 4...

Il relève les yeux par-dessus les montures.

– Sergent Morini, vous m'amenez quoi encore ? C'est quoi ça ?? D'où qui sort çui-là ?

Il parle vite. Il n'a pas l'air content et je ne comprends pas tous les mots qu'il utilise. Le sergent Morini explique ce que je viens de raconter : j'ai traversé tout le Sahara, j'arrive d'un camp touareg et je souhaite y retourner.

– Et vous l'avez cru ? Ne me faites pas gober que ce gugusse est touareg. Il nous prend pour des cons. Bon. Foutez-le au gnouf, on verra demain.

Un peu malmené par l'enchaînement, je ne réagis pas. Le gnouf où on me conduit est une petite maison carrée toute blanche avec une seule porte et une petite ouverture solidement ferraillée en hauteur. À l'intérieur, il n'y a qu'un lit de camp dans un coin et pas d'air du tout. Je n'ai pas souvenir d'avoir été dans un tel endroit, d'avoir été enfermé un jour dans une boîte. J'hésite à entrer mais, poussé fermement par-derrière, je n'ai pas le choix. Le battant se referme dans un claquement sec. Je ne vois rien qui permette de le manœuvrer de l'intérieur. On m'a pris ma ceinture, mon chèche, mes lunettes de soleil, bien sûr mon poignard et même mes sandales. Je reste debout au centre du gnouf, fais des tours sur moi-même pour observer le lieu et, au fur et à mesure que je pivote, ma gorge se noue. Plus je tourne, plus j'ai l'impression qu'une vis se resserre et m'étreint. J'essaye de me calmer en éprouvant la solidité des murs. Ils résistent quand j'appuie dessus et la porte est bloquée. Je m'assieds dans un coin, reste immobile et alors que la nuit tombe, que je retrouve un peu de calme, les parois de ma prison se mettent à vibrer. À l'extérieur, un bruit s'amplifie et devient intense. Je me suspends aux barreaux de la petite fenêtre pour scruter dehors. Un hélicoptère dont les feux clignotent a mis son moteur en marche tout près de mon cube. Des hommes s'affairent autour, montent à bord et l'appareil quitte le sol pour fuir à travers la nuit dans un boucan monumental. Les murs de ma prison sont secoués. Le sable qui s'envole avec l'hélicoptère est projeté, gicle dans mes yeux et vient empoussiérer mon réduit pour le rendre irrespirable. La vis se resserre à nouveau : j'ai chaud, l'air se raréfie encore, je suffoque. Il faut que je sorte de là. Je tambourine du poing sur les cloisons, je mets des coups de pied. J'essaye de secouer les barreaux pour les faire céder et fuir avant que ma poitrine ne prenne feu. J'ai toujours vu le ciel et le paysage, je n'ai jamais été enfermé dans une caisse pleine de poussière dont les bords rétrécissent pour m'écraser. J'ai la gorge qui siffle, le souffle à l'agonie. Ma poitrine monte et descend à toute vitesse et n'absorbe que de la chaleur, de la poussière, du sable, mais pas d'oxygène.

Je me laisse glisser le long d'un mur, bouche ouverte, le minuscule filet d'air que mes bronches acceptent s'amenuise de plus en plus et j'entends le sifflement rauque qu'elles produisent. Enfin, un clac dans la serrure et la porte s'ouvre. Un soldat aux contours flous apparaît avec un plateau à la main. Il me découvre et comprend mon état, il pose la nourriture qu'il apportait et me redresse pour m'emporter à l'extérieur où il m'aide à me tenir debout contre le mur. Malgré la nuit, le sentiment d'espace qu'apporte l'horizon plus ouvert éloigne un peu l'angoisse mais mon souffle reste court. Ma cage thoracique me brûle. Je vide à petites gorgées un verre d'eau qu'il me présente.

– Tu es vraiment touareg ? il finit par me demander. C'est rare un Touareg blanc qui a des taches de rousseur et qui comprend le français.

C'est trop compliqué à expliquer et j'ai déjà tout dit. Il m'informe qu'il va m'emmener à l'infirmerie et on part tous les deux à pas lents dans les allées éclairées par des projecteurs puissants. Au moment de pénétrer dans un autre bâtiment frappé d'une croix rouge, mon angoisse se renforce et respirer redevient très compliqué. Alors, on me fait inhaler un produit à travers un flacon qui propulse un liquide âcre dans ma bouche. Aussitôt, mes poumons se libèrent et sont en capacité d'accueillir l'air. Tout redevient normal, les contours, les gens, le décor, mon esprit, la vie, les soldats, je me sens épuisé, mais j'arrive de nouveau à parler.

Le sergent Morini réapparaît, d'autres hommes m'entourent, ils sont jeunes, solides, avec les manches relevées.

Ils parlent entre eux, parfois dans des langues que je ne connais pas. L'un d'eux en me voyant pour la première fois demande aux autres s'ils viennent de retrouver le Petit Prince. Un autre répond que oui, mais il a bien grandi. Un troisième, un Noir, demande qui est le Petit Prince et un autre lui répond : C'est ta sœur ! *Your sister !* Alors, ils rient.

Je reste assis sur une chaise. Celui qui m'a donné le tube à inhaler me dit de le garder et demande à Morini si je peux être affecté à l'infirmerie. « Affirmatif », il répond. Au fond de la tente, derrière un rideau, on me montre un alignement de lits vides et on me dit d'en choisir un, ce que je fais. Ensuite un soldat me rapporte le plateau de nourriture qui était resté dans le cube prison et me donne des couvertures. Je délaisse la fourchette et saisis à la main un morceau d'une viande très tendre, d'un goût inconnu. Je mords à pleines dents. En retrouvant mon souffle, j'ai recouvré l'appétit. Le soldat a le crâne rasé, le cou et les bras tatoués, une cicatrice barre sa joue.

– Tu avais faim, on dirait ! il dit.

Je confirme par un sourire. Je pointe l'assiette :

– C'est quoi ?

– Civet de porc au vin rouge. Tu n'es pas musulman, j'espère ?

– Je n'en sais rien.

– Tu n'en as pas l'air.

– Ça se voit sur le visage ?

– Non, ça se voit à ce qu'ils mangent. Un musulman ne mange pas de porc. Il ne boit pas de vin non plus.

– Ils devraient ?

– Non, ça en fait davantage pour moi.

Il rit, mais je ne comprends pas pourquoi.

Je dors ici, je ne sais pas si des gens se relaient pour me garder. Le lendemain, Morini revient me chercher, il m'annonce le petit-déjeuner.

– Le petit quoi ?

– Manger. Pain, confiture, café, il y a même des viennoiseries et du coca-cola.

– Du cocaco quoi ?

– Du coca ! On fête le 11 Novembre.

– Le 11 quoi ?

Il me regarde en fronçant les sourcils et en se frottant le menton.

– Tu sors d'où, toi ? Je t'explique le truc de base : nous, tout ça, tout ce que tu vois ici, c'est la France. Avant, on tenait l'Afrique par les couilles. Il y a eu des guerres (c'étaient que des ethnies qui se mettaient sur la gueule à coups de machettes et qui crevaient la dalle). On a laissé la Libye aux Italiens, le reste aux Anglais. Pas un qui mouftait. On leur a apporté la santé, la paix, on a supprimé l'esclavage, on leur a fait des routes, des voies ferrées, on leur a tracé des frontières, on a construit des hôpitaux et filé à bouffer. Depuis qu'on leur a rendu leur indépendance, c'est le foutoir. Ils ne sont pas capables de se gérer tout seuls. Et avec les mecs d'Al-Qaïda ou de Daesh, ils ne sont pas sortis de l'auberge. Alors on est revenus pour remettre de l'ordre mais on est en train de repartir. Le 11 Novembre, c'est la date de la victoire. Je t'expliquerai laquelle plus tard. Suis-moi.

Fêter le 11 Novembre, c'est s'aligner devant un poteau blanc, attendre immobile que le colonel apparaisse et explique aux hommes qu'ils sont des frères d'armes, qu'ils sont là pour entraver l'action djihadiste globale. Il ajoute que ce ne sont plus des nations qui s'opposent, mais des civilisations. Il dit aussi que la référence, c'est l'Occident, il a toujours dominé :

– On est partout : Paris, Singapour, Moscou, Dakar... L'automobile, c'est nous ; la science, c'est nous ; les droits de l'Homme, c'est nous ; la philosophie, le coca-cola, Euro Disney, Microsoft, Canal+ à la demande, c'est encore nous. Où que tu sois sur la planète, la modernité est née en Occident et l'Occident, c'est nous ! Les Chinois l'ont compris. Pas eux. On est là pour leur faire comprendre que leur néo-wahhabisme machin chose, ça ne vaut pas un pet de lapin. Okay, les gars, compris ?

Ils font tous un signe de la tête. Le seul à n'avoir pas bien compris, c'est moi. Ils sont frères, mais ils disent exactement le contraire de ce que disait Nazim aux siens, de frères.

Le discours terminé, un homme s'approche du poteau avec une trompette *(« Trompette : instrument de musique à vent de la famille des cuivres clairs »)*. Il joue et quelqu'un hisse un drapeau au mât en tirant sur une ficelle (c'est comme remonter l'eau d'un puits, mais à l'envers). Après quoi, le colonel appelle des noms et ajoute la formule « mort au champ d'honneur ». Pendant ce temps-là, tous les soldats se tiennent droit avec la main en visière sur le côté de la tête. À la fin, ils applaudissent et puis ils allument des cigarettes ou partent vers d'autres activités. Je pensais qu'ils allaient tirer en l'air, partir faire les fous avec leurs voitures tout-terrain en criant Allahu Akbar ou son contraire, mais rien de tout cela.

Quant à moi, je dois retourner voir le colonel. On m'accompagne de nouveau à son bureau. Il est assis derrière, masque bleu sous le menton, pas content.

– Je l'avais oublié, celui-là. Bon alors, il sort d'où ? Il était avec ces bouffeurs de dattes qui veulent tout faire péter ?

– Sauf le respect, mon colonel, répond Morini, il a surtout l'air de s'être perdu dans le désert. Il dit s'appeler Lilu, ne se connaît pas d'autre nom, ses parents ont été assassinés quand il était petit, il a été recueilli et depuis, il est devenu un Kel Tama je ne sais pas quoi, bref : un Touareg.

– C'est ça, et moi, je suis le pape. Je vous confie une mission administrative : je ne vous demande pas de retrouver sa Carte vitale, mais dégotez-moi sa provenance, son identité… Alors empreintes, ADN, test osseux pour connaître son âge, appels à l'ambassade, au consulat, à la douane et tout le toutim, démerdez-vous, mais je veux qu'on sache d'où ce gosse débarque et ce qu'il maquille par ici. Autre chose, vous exploitez ça (il ressort ma plaque automobile d'un tiroir et la jette sur son bureau), c'est peut-être une piste. En attendant, il reste dans votre ombre et s'il fait le mariole, asthme ou pas, Kel Tama je ne sais pas quoi ou pas, vous le recollez au gnouf. Dernier point : vous le faites vacciner, il est capable de nous refiler le Covid et vous le faites vivre dans l'infirmerie, on n'a pas de place ailleurs, ce n'est pas un foyer de l'Aide sociale à l'enfance, ici. Rompez !

Dans le camp, pour beaucoup, c'est jour de repos. Les soldats sont pour la plupart affalés à l'ombre, ils écoutent de la musique, fument ou regardent des choses sur leurs téléphones, quelques-uns lisent, jouent aux cartes, aux dames. Si tous sont vêtus pareil, tous ne parlent pas la même langue. Parmi eux, quelques femmes, ni bijoux ni khol sur les yeux. Le sergent Morini me prend en photo de face et de profil et quitte le camp en voiture pour rejoindre Bamako, la capitale du Mali où se tient l'ambassade de France, seize heures de route dans un sens, autant dans l'autre. À son retour, je vais peut-être savoir qui je suis et d'où je viens réellement. D'ici là, je vaque en liberté. Mes gardiens m'oublient peu à peu et je prends mes aises. Tous me connaissent maintenant et pensent que je suis arrivé ici car perdu. Ma jeunesse joue en ma faveur, ils m'appellent le Petit Prince sans que je sache pourquoi, mes habits peut-être ? Je me régale d'une nourriture abondante, de la facilité à obtenir de l'eau, ici, on prend des douches, il suffit de tourner un bouton et elle coule à flots. Il y a même de l'eau froide qui sort du robinet. En restant immobile sous le jet, je ressens un bien-être inédit et j'en abuse. Le bonheur est comptabilisé, alors on vient cogner à ma porte :

– Stop la douche. Trois minutes maxi. On n'est pas à Aqualand, ici !

Le soir, après le repas que j'ai pris à table avec tout le monde, je dors dans l'infirmerie vide, sur un lit de camp. Le soldat à lunettes, l'intello, celui vu assis hier devant la porte du colonel, est missionné pour me surveiller. Il m'explique pourquoi il est ici. Il est musulman, né en France, son père qui est algérien avait émigré pour travailler chez Renault, parce qu'on lui avait promis une blouse blanche avec des stylos qui dépassent de la poche de sa poitrine et son nom dessus, des ateliers aux sols carrelés. La réalité a été moins brillante.

Mon interlocuteur a fait des études de mathématiques en France. Comme moi, il connaît un peu l'arabe. Il a choisi de se battre contre les terroristes et il me demande ce que je fais là. Ce faisant, il m'apprend à jouer au jeu de dames. Je lui raconte tout. Je perds toutes les parties. Et puis c'est à mon tour de poser des questions :

– T'es né dans une cité ? je lui demande.

Ma question a le pouvoir de laisser son geste en suspens. Il maintient son jeton au-dessus du jeu, me regarde, les yeux fixes.

– Une cité ? Tu sais ce que c'est, une cité ? Oui, je suis de la Courneuve dans le neuf cube : Cité Balzac.

Alors je lui parle des hommes d'Al-Qaïda qui m'ont sauvé la vie. Il me dit que ce sont des islamistes, et que l'islamisme, ce n'est pas l'islam.

– C'est un piment de colère qui les rend fous. Ils ne se focalisent que sur ce qui est négatif dans le monde. Mourir en martyr, ça les fascine, ils ont leurs raisons, mais ça ne sert à rien. On ne peut pas décider que l'autre soit tel qu'on a décidé qu'il soit. L'autre, c'est l'autre. C'est toi, c'est moi. Tu comprends ? Tu as le droit d'être qui tu veux, et moi aussi ; de croire ou de ne pas croire, de changer de religion si ça te chante. La religion, c'est un guide pour la conscience, pour devenir bon, ce n'est pas simplement croire qu'on va aller aux enfers ou au paradis. La véritable définition du djihad, c'est le combat intérieur qu'on doit mener pour devenir un homme accompli.

Pendant qu'il parle, j'observe le jeu. Il conclut en posant son jeton sans avoir assez réfléchi.

– Souffler n'est pas jouer, je lui dis, et je gagne ma première partie.

– Tu apprends vite, il observe.

– C'est à cause de mon combat intérieur.

La nuit passe, puis la journée du lendemain. J'aime bien jouer aux dames. Je progresse tant qu'au bout d'un moment, je suis devenu l'homme à abattre, des soldats se bousculent pour tenter leur chance quand ils sont désœuvrés mais j'ai l'impression qu'ils viennent surtout pour me convaincre que ce qu'ils font ici est bien.

– Et faut pas croire que les colonies ça rapportait, on investissait à perte, on achetait leurs matières premières plus cher que si on les avait achetées ailleurs et en plus ça concurrençait les produits français. La preuve, les pays d'Europe les plus riches (la Suisse, le Danemark…) sont ceux qui n'avaient pas de colonies. On n'allait quand même pas refiler jusqu'à perpète des allocations familiales à des polygames ! Je te le dis, si les gens d'ici osaient dire la vérité, ils te diraient que c'était mieux du temps des Blancs !

Cause toujours. Je fais claquer les jetons sur le damier de bois pour marquer mes prises : tac, tac, tac et tac… J'en profite pour remporter toutes les parties.

Enfin, le sergent Morini rentre de mission. Il débarque dans l'infirmerie en écartant le rideau.

– Je rapporte même le journal ! il annonce en exhibant une sacoche avant de filer à grands pas vers le bureau du colonel.

J'abandonne une victoire à venir et je m'installe dans son sillage, on traverse le camp. Il fonce au quartier général. Le colonel prend connaissance des documents. Sans se départir de son air mauvais, il parcourt les feuillets que Morini lui présente et qu'il attrape un à un. Il termine par le journal plié. Arrivé en bas de page, il se lève, me regarde par-dessus ses lunettes et contourne sa table pour venir vers moi. J'ai la désagréable impression qu'il va m'attraper par le col pour me traîner au gnouf mais il me tend la main. Ne sachant que faire, je lui tends la mienne et il la broie. Comme ça ne suffit pas, il me bourre le dos. Et pour la première fois, il sourit :

– Bienvenue en France, jeune homme !

Je ne comprends rien. Autour de lui, Morini, son ordonnance, quelques hommes, tous arborent le même visage avenant, le même air fraternel. Le colonel me tend le journal en tapotant un passage encadré :

– Ça parle de toi, ça date un peu, mais c'est intéressant. On peut dire que tu reviens de loin !

Je ne lis pas très vite, mais je m'applique. Je fronce les yeux un moment sur le texte et, finalement, Morini lit pour moi à haute voix :

– « *Toujours sans nouvelles des deux anthropologues français, passionnés de désert, disparus avec leur enfant âgé de 4 ans qu'ils avaient adopté. Le couple étudiait la civilisation touareg dont il avait appris la langue au contact d'une tribu avec laquelle il avait vécu. Lui a traduit des poèmes touaregs, elle a écrit un roman devenu best-seller,* Mon enfant du désert, *où elle raconte son choix de vie et notamment l'éducation de leur fils selon les coutumes du Sahara. Ils ont appelé leur fils d'un prénom touareg : Lilu. Se sont-ils égarés ? Ont-ils été victimes de pirates ? Les autorités locales mènent des recherches qui jusqu'ici sont restées vaines. Aucun enlèvement ni aucune demande de rançon n'ont été revendiqués. L'inquiétude est grande.* »

– Tout ça grâce à la plaque de la voiture, précise le colonel. On sait même où ses parents ont acheté leur bagnole : à Rabat, au Maroc.

Puis, se tournant vers ses ordonnances :

– Je faxe la doc aux Affaires étrangères. Sergent Morini, vous me l'habillez correctement, je veux dire… vous lui trouvez une tenue de chez nous à sa taille, histoire de le faire ressembler à quelque chose. Évidemment : pas de galon ni rien, c'est un civil. Exécution.

Et vers moi :

– Mon garçon, tu as bien fait de te perdre jusqu'à nous. On ne va pas te rendre tes parents, hélas. En échange, tu viens de retrouver ta seconde famille : la France. Te voilà entre de bonnes mains. On va te renvoyer au pays.

Me renvoyer au pays ? La France : je n'ai pas souvenir d'y avoir mis les pieds un jour. Il me jette l'information comme le vent balance ses bourrasques. J'ai compris en côtoyant tous ces hommes que je n'ai pas vraiment envie d'aller dans le pays d'où je suis, de fréquenter les cités, de voir cette partie du monde faite d'escaliers mécaniques, de trains, de goudron ou de maisons hautes comme le ciel qui est, paraît-il, toujours gris, un endroit avec des horaires et des écrans partout. Un monde où chacun a de bonnes raisons de détester l'autre, où on cultive des rancœurs vieilles comme la lune et où je devrais me faire vacciner pour des maladies qui n'existent pas ici ; avoir mon nom avec ma photo sur un bout de plastique que je devrais toujours porter sur moi, avoir une adresse, un endroit qui me serait désigné par un numéro. Je veux bien tout ce qui m'est utile, mais rien qui ne le soit pas. J'ai déjà un pays, il est grand comme une famille et il campe tout au nord, en Mauritanie, de l'autre côté du désert. C'est là qu'il faut me renvoyer. Je veux lui expliquer mais il s'absorbe déjà dans une autre tâche. Alors je m'adresse à d'autres et on finit par me dire que je n'ai pas le choix, qu'il y a des lois, des obligations, que tout est rangé dans un ordre auquel on ne peut pas déroger. On doit accepter le camp qui nous est attribué, admirer un drapeau, des idées, et les défendre. Et si on ne sait pas choisir, quelqu'un le fait pour nous. Dans le monde qu'on affirme être le mien, on n'a pas le choix des choix que l'on fait.

Il y a aussi quelque chose que je voudrais savoir et que personne ne m'a expliqué : ça veut dire quoi, adopté ?

Chapitre 8

Certaines espèces de rongeurs peuvent décider de vivre dans le désert où elles sont fréquemment victimes de prédation par des rapaces nocturnes, ou bien préférer les parties plus boisées dans lesquelles se trouvent moins d'oiseaux mais davantage de serpents prédateurs. Où que l'on aille, il y a un risque. Mais le pire fléau pour les rongeurs, comme pour les Kel Tamajeq, qui est un peuple uni par une langue et a le nomadisme comme mode de vie, c'est de se voir assigner un lieu dont ils ne pourraient se défaire ni bouger.

À moi tout seul, je suis loin d'être un peuple, mais je suis français, je suis mineur, je dois rentrer en France car en l'absence de famille, la France se substitue à mes parents. Dont acte. On ne peut pas vivre sans adresse alors je dois aller là d'où je suis même si je ne le veux pas. Mon rapatriement, car c'est ainsi que l'on nomme ce qui va advenir de moi, est contrarié par des événements qui mobilisent toute la caserne. Alors que le camp est en passe d'être démantelé et les soldats appelés à se battre sur d'autres théâtres, un véhicule blindé de reconnaissance a été pris pour cible et a sauté sur une mine. Émotion. Ses trois occupants ont été tués et les corps sont rapportés au camp dans de grands sacs de plastique blancs. Parmi eux figure le soldat intello né à la Cité Balzac qui m'a appris à jouer aux dames. La nouvelle de sa mort me stupéfie, je prends un coup au ventre. En représailles, des avions de combat, des hélicoptères, des drones sont mobilisés : une attaque ciblée est lancée sur un camp de terroristes que je connais bien. On ne sait pas le nombre de victimes. Par contre, les militaires affirment qu'un des leaders a été tué, c'était une des « voix françaises » d'Al-Qaïda au Mali, un jeune Français radicalisé sur Internet et qui a pris du galon ensuite, un dénommé Nazim, de son vrai nom Yohann Rousseau, fiché S, condamné par contumace pour association de malfaiteurs liée à une action terroriste et sous le coup d'un mandat d'arrêt international.

Je ne sais pas si les gens qui ont grandi à la Cité Balzac sont de la même tribu, mais il est si facile de mourir que j'en attrape un haut-le-cœur. Je me cache pour aller vomir derrière une tente et je reviens vers les autres en m'essuyant la bouche d'un revers de manche. Les soldats en uniforme ou les combattants de Dieu ont beau courir dans leurs camps, faire vrombir leurs armes ou leurs moteurs, hurler des ordres ou des slogans, expliquer la raison de leurs choix, s'incliner devant des dieux, hisser des drapeaux et se flanquer de grandes bourrades dans le dos... quand la mort les anéantit, ils ne sont plus rien. Moins que du sable, de la poussière. Je ne suis pas mort, mais je me sens vide.

Au camp, une nouvelle cérémonie est organisée : un hymne à la trompette, des visages fermés, un salut un peu appuyé, le drapeau comme pour les jours de fête, mais attaché à mi-hauteur du mât, des accolades et puis c'est tout.

Les corps des militaires tués sont ensuite chargés dans un camion pour être expédiés en France. Je fais partie du voyage. Je ne me sentais pas du tout chez moi ici et en un sens ça tombe bien, mais en revanche, pas plus que je n'ai décidé de la destination, je n'ai pu choisir le mode de transport. Ça commence par un convoi de véhicules militaires qui fonce sur une piste jusqu'au terrain d'aviation, ensuite, on charge tout, moi y compris, dans un avion-cargo, un Airbus A400M (c'est écrit dessus). Les avions, je les voyais dans le ciel mais je ne savais pas qu'une fois au sol, ils étaient aussi gros. J'accède à l'intérieur de la carlingue par une rampe ouverte sur l'arrière. Dedans, il n'y a rien d'autre que deux rangées de sièges alignés contre les cloisons. On m'installe sur l'un d'eux, le seul à proximité d'un hublot, on m'aide à me sangler. La seule chose qui m'appartienne est le collier plaque d'identité de voiture que j'ai repris et un sac où sont entassés mes vêtements de naufragé des sables passés de bleu indigo à rose pâle après un séjour dans une machine à laver. Je possède aussi une brosse à dents et une pochette autour du cou à l'intérieur de laquelle des documents officiels avec signatures et tampons me donnent une identité. J'y lis ce nom de famille que je ne me connaissais pas : « Demande de confirmation de nationalité française d'un mineur expatrié. Nom : Folenfant. Prénom : Lilu. Âge : 14 ans, non confirmé, expertise osseuse à faire. »

Je ne suis pas l'unique passager. L'avion emporte les trois cercueils. Sur chacun d'eux comme autour de mon cou : une fiche d'identification. À cela s'ajoutent des caisses de bois, des roues, des bidons et tout un fatras d'objets sûrement utiles aux guerres. La fin des préparatifs est signifiée par le départ d'un camion-citerne aperçu à travers le hublot, mais aussi par le grand hayon qui se relève à l'arrière et par des voix qui proviennent du cockpit de l'appareil. Les moteurs de l'avion sont mis en route. Leurs vrombissements s'amplifient à mesure qu'on les fait monter en température. Je vais être emporté ailleurs et je me sens davantage perdu en étant sanglé à un siège au cœur de cette machine infernale que quand je cherchais à boire dans le désert. Quelque chose m'échappe, on m'a donné un drôle de nom (Folenfant), une brosse à dents, mais on m'a pris l'essentiel : ma vie d'avant. Relégué à bord d'un monstre d'acier en compagnie de trois cadavres qui voyagent dans des boîtes, ma gorge se noue, je suis seul, délié de ma vie et emporté contre mon gré. Je me pensais destiné à être un homme libre, un prince du désert en devenir ; je ne suis qu'une partie d'un chargement qu'on expédie ailleurs.

L'avion se met en mouvement. Il avance d'abord lentement sur la piste, prend un grand virage, s'arrête à nouveau. Les moteurs montent en régime, leur bruit devient tempête, puis furie. Je tremble, mais ce n'est pas moi qui tremble, c'est cette machine qui s'élance maintenant, accélère, fonce et crache sa colère pour se hisser dans le ciel en bravant les forces du monde. La puissance des mythes et la force de l'amour, tout ce qui m'a jusqu'ici permis de survivre, n'empêchent pas ma peur de se transformer en une terreur qui aspire mon ventre tandis que je m'accroche à l'accoudoir et que, sous moi, le désert s'éloigne et m'abandonne.

Pendant tout ce temps où l'avion poursuit sa ruade, je ferme les yeux et je comprends que la mort est quelque chose qui vient de l'intérieur, prend forme dans le ventre et s'épanche dans le reste du corps. Quand, enfin, l'avion adopte une assiette moins verticale, j'ouvre les yeux et colle mon nez sur mon minuscule hublot en essayant de respirer à travers, j'accroche mon regard aux dunes qui se succèdent et se tiennent alignées face au vent. Elles me saluent de leurs arêtes tandis que les hélices de l'Airbus brassent l'air vers les ciels gris des régions où le sable est invisible. La peur née dans mes tripes vient en concurrence avec la beauté étalée de mon paysage. Les larmes qui coulent ne me sont d'aucun secours et, avant de vomir sur le plancher – ça devient une habitude –, j'ai le temps de me faire la promesse muette de revenir au plus vite fouler ce sol d'où je suis : le Sahara.

Une escale m'en donnera l'occasion plus vite que je ne pouvais l'espérer. Après une heure de vol, sans avoir quitté les étendues de dunes désertiques, l'avion perd de l'altitude et se pose à toute force sur une piste isolée à moitié recouverte de sable. Les moteurs sont arrêtés et les pilotes quittent leur poste tandis que la poussière n'est pas encore retombée. L'immense porte à l'arrière de l'appareil s'abaisse et la chaleur épaisse qui envahit la carlingue confirme qu'on n'a pas quitté les régions chaudes. Des militaires montent à bord. Les trois cercueils sont déplacés, regroupés et empilés ailleurs. Je n'ose pas bouger, on me demande sans plus de précautions de bien vouloir aller m'installer sur un autre siège. Je me décroche, prends mon barda et laisse ma place à un empilement de nouvelles caisses. Et puis je dérange encore. Je vogue dans l'avion-cargo, tenant mon sac contre ma poitrine, ramassant ma brosse à dents qui s'est échappée, me déplaçant au gré de la place qui reste quand des marchandises sont hissées à bord et à mesure que le chargement est organisé. Dans tout l'avion envahi par les soldats, on déplace, on s'interpelle, on attache des caisses, des malles, des sacs. Tous s'activent, tendent des sangles, bouclent des crochets et personne ne s'occupe de moi. Je gêne encore et on me dit de sortir de l'avion. Alors, je reste un moment sur la piste à deux pas de la rampe d'accès et je les regarde introduire un hélicoptère en partie démonté dans la carlingue. Une sorte d'accouchement d'un volatile par un autre, mais dans le sens inverse. Finalement, je vais me protéger du soleil sous une des ailes. J'attends là, immobile. Autour de moi, rien que des camions, des hommes occupés et une odeur lancinante de carburant. On est au milieu d'une longue piste recouverte de traits et de chiffres mystérieux avec plus loin un bâtiment en hauteur aux vitres bleutées, surmonté d'antennes, de climatiseurs et de panneaux solaires. C'est là que se concentre le reste de l'activité, où les soldats et les véhicules vont et viennent.

Le hayon de l'avion est refermé sans que l'on me fasse reprendre place à bord. Les gens dont la guerre est le métier ont d'autres activités plus urgentes que de s'occuper de ma vie et je crois qu'ils m'ont oublié. Alors, timidement, je m'éloigne à l'opposé des bâtiments. D'abord à reculons, et une fois quitté le bitume du tarmac, je m'éloigne droit dans le sable. Même si mon vêtement pseudo-militaire me rend incognito, j'évite de courir pour ne pas me faire repérer. Je suis le seul piéton, tous sont dans des véhicules. Je traverse une grande zone dégagée et file jusqu'au grillage qui clôture l'aéroport. À travers les mailles, au loin dans le désert, on devine ce qui ressemble à un campement, une fumerolle et des toits de tentes. Sans doute des Bédouins. À proximité de leur camp, je devine malgré la distance et la brume de chaleur la silhouette familière de chameaux. Je longe la grille jusqu'à l'entrée de l'aérodrome en espérant quelque part une faille dans le grillage. J'arrive à un poste barrière sécurisé par des guérites. Au milieu de la fournaise, des véhicules entrent et sortent. Au passage, les chauffeurs tendent des documents aux hommes de faction qui gèrent mollement le poste. Je m'approche, longe un camion bâché au moment où il franchit les barrières et me retrouve de l'autre côté des grilles. C'était simple. Personne n'a fait attention à moi. Je file en direction du campement vu depuis l'aéroport. Bingo, même si ce ne sont pas vraiment des Touaregs mais des nomades Nouaji, ils parlent la même langue. Je me présente : je suis un Imghad, un Kel Tamajeq, ce qui les fait rire car ils disent que j'ai une peau de toubab. Je sors de mon sac ma tenue délavée et la déplie, je montre comment les hommes de ma tribu nouent le chèche sur leur visage. Bientôt les hommes m'entourent. Le chef me demande de le suivre et me fait asseoir sur un tapis devant sa tente, il verse de l'eau bouillante sur un thé en sachet et ouvre un paquet de biscuits Lu. Il m'explique qu'ils se sont sédentarisés à proximité de cette base car ils se sentent en sécurité. Il y a une route, c'est pratique pour aller acheter des couches ou faire venir le docteur. Ils vivent là. Les enfants vont à l'école, quelques hommes travaillent dans une mine, plus loin. Ici, c'est la Mauritanie, des terroristes pullulent sur le territoire, ils sont pacifiques, mais on ne sait jamais. On est comme des chômeurs, ajoute-t-il, on aurait pu aller près d'une ville mais on a trouvé ce coin de désert et on y reste, libres mais prisonniers de notre misère. On est entrés dans le monde moderne par le bas et on attend. On espère que nos enfants auront une vie meilleure. Et puis, après un long silence :

– On a longtemps été en guerre contre ton peuple. Mais maintenant, on a rendu les armes et la guerre nous effraie : des pères tuent leurs fils, des fils tuent leur père, des frères tuent leurs frères, des mères tuent leurs filles, des filles tuent leurs sœurs, des enfants jouent avec des armes pour tuer à leur tour un jour. C'est sans fin. Tout ça pour quoi ? Pour pleurer ensuite.

De nouveau un silence, suivi d'un crachat :

– On va t'aider à retrouver les tiens, conclut-il.

N'eût été le bruit d'un Airbus A400M au décollage et qui passe au-dessus de nous, assis en tailleur sur un tapis de laine odorant, me brûlant les lèvres d'un thé très sucré, déjà bercé par cette langue sobre et discrète, je me serais cru de retour à la maison.

Je pars le lendemain. On me donne un chameau.

– « Ce n'est pas le jour où on va chasser qu'on dresse son chameau », me dit l'homme, mais celui-ci t'attendait.

C'est un vieux ruminant à la moustache grise, trop vieux pour être comestible, trop vieux pour travailler, qui a déjà tellement mordu et râlé qu'il en semble fatigué. Il n'est plus qu'une bouche à nourrir. Avant de mourir, Inch'Allah, il vivra sa dernière méharée. On le charge en eau, en dattes, en oranges, en farine, en sel. Et puis, on m'offre un vieux tapis qui servira pour dormir et fera office de selle. Et comme je n'ai plus mon poignard, mes protecteurs m'offrent un joli petit couteau pliant marqué Opinel, il est doté d'une bague tournante qui sert à bloquer la lame. Ils m'offrent aussi une carte et une vieille boussole qui ne leur servira plus jamais. Eux resteront ici désormais. Moi, je sais où aller. Alors j'y vais.

Je longe à nouveau les grilles de l'aéroport, mais du bon côté, à dos de chameau cette fois et à une vitesse qui convient mieux au climat. En jetant un dernier regard sur toutes ces installations qu'un véhicule traverse sirène hurlante, je suis bien content de les laisser à leurs affaires. Qu'ils se fassent sauter à coups de dynamite, qu'ils envoient des avions dans le ciel et se découpent tous en morceaux, ils ont certainement de bonnes raisons, mais ça sera sans moi. J'ai appris que les combats étaient parfois nécessaires à la vie mais ils ne laissent que des regrets. Je ne veux ni mourir ni tuer personne. Le premier qui a trouvé un prétexte pour en sabrer un autre a enclenché le processus, et si je dois être celui qui est envoyé par un dieu, je serai celui qui refusera de se battre.

Chapitre 9

Quand un Kel Tamajeq part à la chasse, il quitte son campement sans rien dire de ses intentions et s'efforce de ne croiser personne car la rencontre avec quelqu'un serait un mauvais présage. S'il tue un animal, un mouflon sauvage par exemple, son premier geste est de couper la queue pour la mettre dans la bouche de l'animal. C'est un moyen de demander pardon à la victime ; si ce rituel n'était pas accompli, il pourrait en découler certains malheurs. L'homme rentre à son campement sans que personne ne le voie et il cache son gibier sous une couverture. Si ses mains sont tachées de sang, il les lave. Si les gens lui demandent s'il a tué un mouflon, il répond négativement. La nuit suivante, quand tout le monde dort, il découpe la bête et en distribue les morceaux en les déposant devant chaque tente.

J'ai retrouvé ma tribu à ce même campement près de l'oasis où je l'ai laissée en partant. Je suis arrivé alors que l'on me croyait mort. Je ne rapporte aucun gibier, mais tous veulent un morceau de moi. Chacun approche et prend sa part en me tenant dans ses bras. Je sens des mains sur moi, des lèvres sur mon cou, mon front, je reçois des bourrades amicales dans le dos, des chocs front contre front. « Lilu », ils répètent à tour de rôle, chacun articule mon prénom avec ses propres modulations de voix et je deviens un peu de l'un d'eux le temps d'une émotion qui ressemble à une chanson.

Dans toute cette envolée, ce brassage, il y a Karim le berger, il y a le père, et bien sûr le père du père. Il y a toutes celles et ceux qui m'ont vu grandir, et les enfants arrivés après moi, mais il y a un visage que je cherche par-dessus tout, c'est celui de Nora. Je ne la vois pas. On me presse, me pousse à l'ombre, on m'apporte à boire, on m'invite à m'asseoir, on me gave de sucreries, de thé, de caresses sur la joue. Mon vieux chameau est débarrassé de ses bagages et emmené au puits tandis que je persiste à jeter des regards par-dessus les épaules. La journée passe, on continue à me questionner, à me prendre les mains ; on remplace le plateau de thé par un autre plateau en cuivre couvert de dattes, de gâteaux au miel, et du thé toujours. Je raconte : le seau de plastique, Oska, Youssef, Taoudeni, Nazim, la tondeuse à gazon, le Land Rover de mes parents, les forces militaires des Nations unies, l'intello aux lunettes rondes, l'avion. Et quand j'ai terminé, je dois recommencer.

Le soir tombe vite sur le désert. Il fait nuit et pour une fois j'ai pu parler des heures sans qu'on me le reproche. Nora apparaît enfin. Elle pénètre dans le cercle dont je suis le centre, nimbée d'une lumière faible. Elle est encore plus belle qu'avant, plus grande aussi. Ses bijoux scintillent dans la semi-pénombre et émettent de minuscules bruits métalliques. Nora sourit, elle s'approche de moi. Je bondis sur mes jambes. Tout autour, le groupe qui s'était rassemblé se lève sans bruit et s'éloigne. Nora reste un moment immobile face à moi puis pose sa main sur ma joue.

– Te voilà. Je suis heureuse. On t'a cru mort.

– Moi aussi, je réponds aussitôt, me noyant, ivre, dans un ciel fait de ses pupilles en immersion dans les miennes.

– Je suis mariée désormais, elle ajoute en détachant sa main de ma joue pour la poser sur sa bouche.

Sitôt après, elle détourne son regard et, sans un mot, quitte le halo de lumière. Le sol s'ouvre en deux et le bonheur disparaît aussi vite qu'il est venu. Je reste les bras ballants, soufflé. J'ai connu des déflagrations et des tempêtes, mais celle-ci dépasse les autres.

Plus tard, une fois seul, je m'éloigne du camp et je pleure pour de vrai.

Quand tout le monde dort et que je n'ai même pas cherché à trouver le sommeil, une chamelle met bas. Je me lève pour aller voir ce qui se passe. La mère meurt en accouchant. Le père, qui m'a rejoint, décide alors de lui ouvrir le ventre. Avant qu'il me demande d'aller chercher un outil, je lui tends mon petit couteau pliant. Il le prend en main un instant, le soupèse. Je lui montre comment ouvrir la lame. Il me jette un regard amusé avant d'inciser l'animal. Le bébé est sorti. Mon couteau l'a blessé à plusieurs endroits, à l'œil et sous l'oreille et il ne donne aucun signe de vie. Il est étendu sur le flanc, recouvert de placenta, inerte. Le père achève quand même le travail : il coupe le cordon, masse le nouveau-né, applique un morceau de chèche imprégné du liquide amniotique sur ses plaies. Ensuite, selon une coutume qu'il tient de ses ancêtres, il lui insuffle de l'air dans la bouche et dans les oreilles pour lui donner une âme. Le petit animal ouvre alors la gueule et respire bruyamment, puis de plus en plus vite. Avant la fin de la nuit pendant laquelle je le veille et l'humecte, il essaye de se mettre sur ses pattes et pousse des petits cris. Au matin, il tète le lait d'une chamelle.

Le père, qui est allé dormir, revient. Tandis que je m'occupais d'un autre être vivant aussi blessé que moi, mon chagrin s'est un peu dissipé. On observe le jeune chameau un moment, le père le palpe en silence et puis il se livre :

– Lilu, tes parents étaient nos amis. Ils avaient appris la langue que nous parlons, ils ont vécu quelque temps avec nous et ils sont allés vivre de leur côté avec toi, car ils n'étaient pas des nôtres complètement. Plus tard, on a su que les pirates les avaient attaqués pour voler la voiture. On est partis à votre recherche. Par la grâce de Dieu, on t'a récupéré. On t'a gardé et on t'a caché. On s'est dit que tes parents auraient voulu cette vie pour toi, loin de la violence, loin de l'autre monde. On a formé un petit groupe d'hommes, dont je faisais partie, et on s'est occupés des pirates. On les a pistés pendant des semaines avant de retrouver deux d'entre eux qui circulaient avec la voiture. On l'a mise en panne avant de les laisser repartir, à pied et sans eau.

Après un temps où je replonge dans le passé, il me ramène à l'heure présente :

– Nora est mariée. Je sais ta tristesse, mais c'est comme ça. Tu ne peux pas changer les règles.

Ici aussi, il y a donc des règles. Pas plus que je ne peux les changer, on ne pourra changer ma peine. Pendant les jours qui suivent, je reste cloîtré dans le silence. J'écarte la nourriture que l'on m'apporte et ne quitte pas l'ombre formée par l'auvent d'une tente. Groupé sur moi-même, assis et faisant de mes genoux contre ma poitrine et de mes bras qui les entourent, une carapace contre la colère, j'adresse tout juste des signes de tête à ceux qui passent et me saluent :

– Salam aleykoum, Lilu.

Salam mon zboub. Je suis immobile, mais je suis en lutte. Un jeune sloughi, un lévrier du désert, sans doute un des enfants d'Oska, s'approche de moi, me renifle et s'allonge spontanément à mes pieds. Tandis que je le caresse, attendri et apaisé par sa loyauté de bête, je devine que l'on parle de moi plus loin. Un groupe s'est formé et me regarde. L'un d'eux, le père du père, se détache et s'approche. Ses rhumatismes lui font émettre un petit cri de douleur quand il s'abaisse pour s'asseoir à côté de moi :

– Personne n'appartient à personne, me dit-il. Mais la tradition, c'est la tradition. Nora doit épouser quelqu'un de notre cercle. Tes sentiments sont purs, nous les respectons, mais tu ne peux pas aller contre ce qui a toujours été. Alors il faut te réjouir de cette union et accepter. Je t'ai vu grandir, je t'ai observé. Je t'ai vu partir au désert et revenir seul. Tu as été soufflé par le vent et tu as vu le sable teinté de sang et de noirceur, tu as résisté aux démons des autres hommes. Tu as souffert et tu as montré ton courage. Je crois que tu es davantage un Kel Tamajeq désormais. On t'accepte dans notre famille mais le sang qui coule dans tes veines vient d'une autre source. Il faut que tu ailles vers elle maintenant, tu dois t'en aller connaître le monde qui existe par-delà ces dunes et ce sable. Louanges à Dieu.

Il s'appuie sur mon épaule pour se lever. Je veux l'aider, mais il me fait un signe vif de refus. Il s'éloigne vers sa tente. Je l'ai écouté parce qu'il est vieux et qu'il a raison. Parce que les sillons qui marquent sa peau sont profonds comme sa parole et que ses mots viennent d'une vérité et d'une sagesse dont il est le garant, parce qu'il a toujours été bon pour moi. J'avais cru me satisfaire d'être un Kel Tamajeq mais, puisqu'on me refuse Nora, que j'en accepte les raisons, le temps est venu d'aller vérifier si le reste du monde est aussi hostile que ce que l'on m'en a donné à voir.

Je me lève à mon tour et me dirige vers le tapis où le père du père est allé s'installer. Il est maintenant assis sur un petit siège à trois pieds en bois noueux. Sa femme lui sert un thé. Je me présente devant lui :

– D'accord, je dis simplement.

Il tend un bras vers le sol, sur sa droite, ce qui est une invitation. Je prends place et m'agenouille. Sa femme ajoute un verre sur le plateau et verse le thé de très haut. Le père du père prend deux verres brûlants et me présente celui qu'il me destine. Ma tristesse vaut moins que cette complicité de toujours ici révélée. Je heurte le sien doucement. Ses yeux sourient et ses rides sur le côté sont des papillons qui déploient leurs ailes.

– Tu vois, tu ne le sais pas, mais tu as déjà les manières des Blancs, il me dit.

Le soir même, Nora et les siens ont décidé de fêter mon retour mais aussi mon départ. Les femmes se sont maquillées, elles ont chanté tout le temps où elles confectionnaient des pâtisseries et du pain de mil fourrés aux dattes.

Le groupe au complet fait cercle autour d'un feu et Nora me remet un cadeau, un livre, mon vieil imagier transformé en grimoire, recouvert d'une couverture de cuir de chameau teintée et ouvragée de leur belle écriture dorée, avec un cordon qui fait le tour plusieurs fois pour le tenir fermé.

– Tu vas aller voir si les images du monde sont comme les images de ton livre, elle me dit. Et puis tu reviendras nous raconter.

– D'accord.

– Tu peux aussi téléphoner. Ne pars pas sans le numéro cette fois.

Plus loin dans la nuit, après les chants, les danses, les cris de joie et les rires, loin des regards, loin de son mari de quinze ans plus vieux qu'elle, Nora et moi on est allés s'allonger dans le sable qui faisait des petits crissements de joie. On s'est enlacés sans dire un mot.

Et puis étendu sur le dos, les bras en croix, je l'ai laissée partir et je l'ai vue disparaître de sa démarche féline dans la nuit bleue. La lumière caressait ses hanches. Le ciel et les étoiles me disent que tout ira bien maintenant. J'irai donc voir de quoi est fait le monde qui existe de l'autre côté du désert et de la mer. J'irai voir les bateaux et à quoi ressemblent les gens qui me ressemblent. J'irai dans les villes, sur les routes, dans les pays et partout, dès que je le pourrai, je marcherai nu-pieds et considérerai l'eau comme la seule boisson utile. Pour toujours, je serai un enfant des sables et si je le veux, je reviendrai ici. J'ai appris ce soir que la seule chose qui compte au moment du départ, c'est l'amour de ceux que l'on quitte.

***

Quelques jours plus tard, je reprends mon vieux chameau qui décidément n'en finit pas de faire son dernier voyage. En poursuivant vers l'ouest, le désert se transforme en plage. J'emporte mon couteau pliant, ma plaque d'identité porte-bonheur, une réserve d'eau et de la nourriture. Le père y ajoute une liasse de billets et une très longue accolade. Depuis la côte, il y a des ports et des bateaux qui voyagent partout dans le monde. Je vais aller là-bas. Ensuite, j'irai là où on me cherche sûrement, jusqu'à cette Europe que l'on désigne comme étant d'où je suis. Pourquoi moi ? Pourquoi elle ? Pourquoi ces frontières entre les hommes ? Ces guerres ? J'y vais avec davantage d'envie désormais, mais sans attente, ni ambition. Je ne suis pas de nulle part : je suis de partout, ni touareg, ni bédouin, ni arabe, ni européen, ni français, mais tout cela à la fois. J'aurais pu être un arbre avec des racines, je suis un homme avec des jambes, alors je me déplace.

Ce pays qui m'attend est paraît-il le mien. C'est une oasis inconnue, une terre promise, un mirage… ou une impasse. Je ne pense pas pouvoir vivre longtemps en l'absence du Sahara où j'ai grandi, où j'étais libre et protégé. Alors, j'y vais parce que j'y vais. J'y vais parce que, mektoub, c'est mon destin. Mais le destin, c'est le vent qui pousse un bateau : on ne peut décider ni de sa force ni de sa direction, mais en jouant avec les voiles, on peut aller où on veut.

Salam (paix).

Sidi Ifni, avril 2022.

Merci au Centre national du livre
qui m'a offert le plein d'essence,
à Thierry Magnier qui a tamponné
mon passeport, à Gaïa Marty qui m'a
poussé quand j'étais ensablé.

Cet ouvrage a été achevé d'imprimer sur Roto-Page sans passeport
pour le compte des éditions Thierry Magnier
par l'Imprimerie Floch à Mayenne en août 2022
Dépôt légal : août 2022
NBJ/00054.01.00001.001
N° d'impression : 100789
Imprimé en France